融合型·新形态教材
复旦学前云平台 fudanxueqian.com

幼儿保育专业系列教材

幼儿一日保育活动指导手册

YOUER YIRI BAOYU HUODONG ZHIDAO SHOUCE

主 编 孙爱华 郑梨萍

复旦大学出版社

内容简介

　　本书以幼儿一日保育活动为主线，分为三个部分。第一部分为幼儿一日保育活动环节，包括入园、晨区活动（户外体育活动和室内区域活动）、教育活动、饮水、盥洗、餐点、如厕、午睡、游戏活动、离园十个环节，每个活动环节包括学习目标、导入视频、基础知识、工作内容、操作技巧、注意事项、课后作业；第二部分为实操训练，包括活动案例分析、操作视频分析；第三部分提供了保育员职业资格证书考试模拟卷，帮助学习者模拟训练，熟悉资格证考试情况。本书配套资源丰富，有实操视频、课后作业模拟试卷、参考答案、课件等，可扫码做题及观看视频，也可登录复旦学前云平台（www.fudanxueqian.com）查看、获取。

　　本书即学即用，内容实用，可操作性强。可作为幼儿保育专业、学前教育专业教材，也可作为幼教从业人员在职培训及自学教材。

复旦学前云平台
使用说明

为提高教学服务水平，促进课程立体化建设，复旦大学出版社学前教育分社建设了"复旦学前云平台"，以为师生提供丰富的课程配套资源，可通过"电脑端"和"手机端"查看、获取。

【电脑端】

电脑端资源包括 PPT 课件、电子教案、习题答案、课程大纲、音频、视频等内容。可登录"复旦学前云平台"www.fudanxueqian.com 浏览、下载。

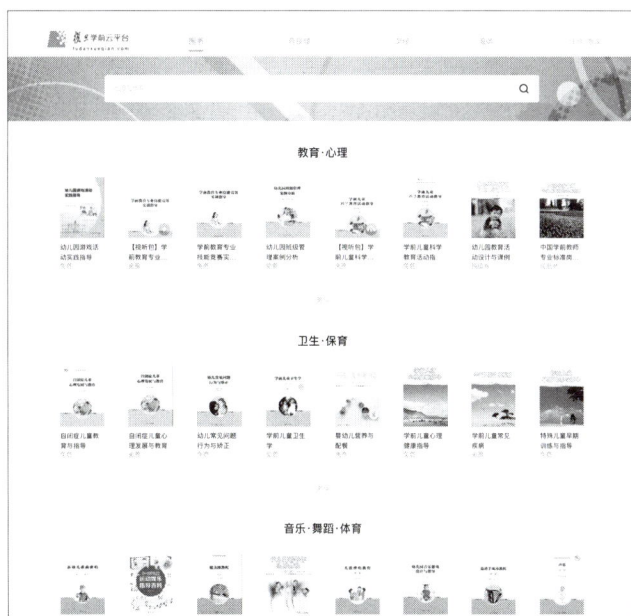

Step 1 登录网站"复旦学前云平台"www.fudanxueqian.com，点击右上角"登录 / 注册"，使用手机号注册。

Step 2 在"搜索"栏输入相关书名，找到该书，点击进入。

Step 3 点击【配套资源】中的"下载"（首次使用需输入教师信息），即可下载。音频、视频内容可通过搜索该书【视听包】在线浏览。

PPT 课件、音视频、阅读材料：用微信扫描书中二维码即可浏览。

扫码浏览 →

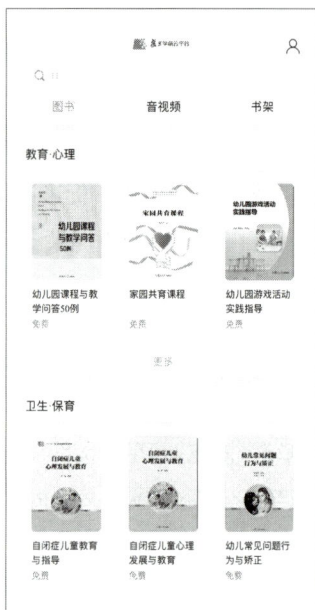

📖 【更多相关资源】

更多资源，如专家文章、活动设计案例、绘本阅读、环境创设、图书信息等，可关注"幼师宝"微信公众号，搜索、查阅。

平台技术支持热线：029-68518879。

"幼师宝"微信公众号

✏️ 【本书配套资源说明】

1. 刮开书后封底二维码的遮盖涂层。

2. 使用手机微信扫描二维码，根据提示注册登录后，完成本书配套在线资源激活。

3. 本书配套的资源可以在手机端使用，也可以在电脑端用刮码激活时绑定的手机号登录使用。

4. 如您的身份是教师，需要对学生使用本书的配套资料情况进行后台数据查看、监督学生学习情况，我们提供配套教师端服务，有需要的老师请登录复旦学前云平台官方网址：www.fudanxueqian.com，进入"教师监控端申请入口"提交相关资料后申请开通。

《幼儿园教育指导纲要（试行）》指出："幼儿园应为幼儿提供健康、丰富的生活和活动环境，满足他们多方面发展的需要，使他们在快乐的童年生活中获得有益于身心发展的经验。"随着社会的进步和幼儿教育市场的迅猛发展，家长们对幼儿的教育也越来越重视。目前，我国3~6岁学前儿童入托率达到95%以上。幼儿园保教并重，保教人员要科学合理地安排和组织幼儿一日生活和学习，让幼儿体验到幼儿园生活的愉快，形成安全感、信赖感，让幼儿养成良好的饮食、睡眠、盥洗、排泄等个人生活卫生习惯，指导幼儿学习自我服务技能，培养基本的生活自理能力。这些能力的培养在很大程度上要依托保教人员的专业素养，因此提升保教人员专业素养势在必行。

保育在幼儿园一日活动中是重要环节，这门课程是学前教育专业和幼儿保育专业的必学内容，旨在让学生掌握幼儿保育活动的基本知识、基本技能和基本要求，具备照料幼儿生活的能力、培养幼儿自理能力和良好卫生习惯的能力，以及促进幼儿身心健康成长相关的职业能力。本书为实践指导手册，每个环节的基础知识、工作内容、操作技巧均指向岗位基本工作要点，即学即用，内容有较高的实用性，可操作性强，主要用于指导学前教育专业和幼儿保育专业的学生以及幼教从业人员，帮助他们快速了解和掌握保育岗位工作要领，在短时间内按要求规范开展岗位工作。

本书编写以实用性和可操作性为宗旨，坚持理论联系实际，讲练结合，突出技能训练，根据保教人员所必须具备的基本知识，提高学习者的实操能力，为其今后胜任幼儿园工作打好基础。本书围绕幼儿一日保育活动环节，贴近保教人员的工作实际，根据幼儿保育相关的职业能力设置，内容紧紧围绕幼儿一日保育活动相关职业能力的培养，选取幼儿一日保育活动的典型工作任务，同时充分考虑学生对相关理论知识的需要，并融入保育员职业资格鉴定的相关内容。

全书分为三个部分。第一部分为幼儿一日保育活动环节，包括入园、晨区活动（户外体育活动和室内区域活动）、教育活动、饮水、盥洗、餐点、如厕、午睡、游戏活动、离园十个环节。每个活动环节由学习目标、导入视频、基础知识、工作内容、操作技巧、注意事项、课后作业组成。第二部分为实操训练，包括活动案例分析、操作视频分析。保育员作为幼儿的生活老师，其教育理念、专业理论知识都影响幼儿园保教质量，因而其入岗后进一步提升并考取资格证就非常重要。第三部分提供了保育员职业资格证书考试模拟卷，帮助学习者模拟训练，熟悉资格证考试情况。

本书的编者实践经验丰富，包括学校与幼儿园校企合作的管理人员和长期从事幼教专业教学的一线骨干教师。编写的指导思想之一来自著名建筑大师米斯·凡德洛的名言"少即是多"，实用至上，结构简约，有创新性。编写时以幼儿一日保育活动环节为主线，每个活动环节目标明确，通过课后练习进行巩固，侧重培养学生的动手能力；实操训练帮助学生完成实训任务，强化学生技能训练。本教材为活页式教材，简单明了，可操作性强。每个活动环节都以视频导入，结合幼儿一日保育活动，帮助学生迅速掌握幼儿一日保育活动工作环节、任务和要求，使学生、幼儿园保教人员在短时间内迅速掌握保教工作，创设以幼儿园工作过程为导向的教学模式，培养实际工作能力。

本书配有视频，可扫描二维码观看，课后作业和模拟试卷均配有参考答案，可扫码在线做题。本书可作为幼儿保育专业和学前教育专业教材，也可作为幼教从业人员在职培训及自学教材。

本书编写分工如下：

孙爱华设计编写思路，负责全书统稿工作。前言由孙爱华撰写，第一部分幼儿一日保育活动环节由孙爱华和郑梨萍共同编写，第二部分实操训练由郑梨萍编写，第三部分模拟卷由孙爱华、郑梨萍收集整理。视频拍摄地为福建省南平市延平区江南幼儿园、福建省南平市延平区江南托育中心。

本书在编写过程中参考了大量相关书籍，在此向原作者表示衷心感谢！由于编者水平有限，加之时间仓促，难免有错误和不足之处，恳请广大师生多提宝贵意见，批评指正。

编　者

目 录
CONTENTS

幼儿一日保育活动环节

活动环节一

入 园

学习目标

1. 能独立完成入园开窗通风和清洁消毒等准备工作。
2. 协助教师和保健医生进行晨检和接待幼儿工作。
3. 妥善管理幼儿携带入园的生活用品、学习用品、药品等。

导入视频

入园操作　　晨间准备

晨检

一 基础知识

1. 幼儿晨检方法包括"一摸，二看，三问，四查"（见图1）。

一摸：摸幼儿的额头、颌下和腮部。检查额头时将手心放在幼儿的前额，感受幼儿前额的温度是否明显高于自己的手温，判断其是否发热；也可以使用额温枪测量体温进行判断。摸颌下是为了了解下颌部淋巴结是否肿大，将手指轻触下颌骨的下缘向下至颈部两侧，检查是否有肿大。摸腮部是要了解幼儿的腮部是否有肿大的现象。

二看：看幼儿的精神状态、面色、咽部有无异常，皮肤有无皮疹及某些传染病的早期表现。发现可疑症状，要及时送医务室诊断。

三问：要向家长了解幼儿在家中的饮食、睡眠和大小便等方面的情况。

四查：要查看幼儿的衣兜内有无不

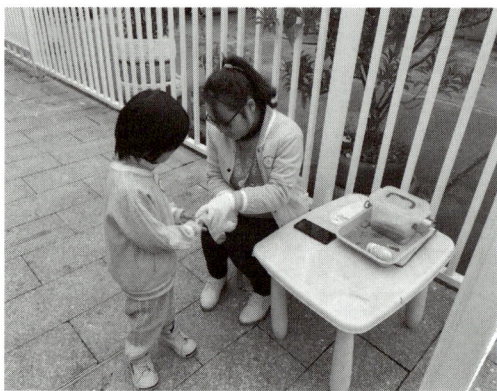

图1 晨检

安全的物品，避免发生意外事故。

2. 幼儿园常用的消毒药品大都是含氯的消毒剂，其中 84 消毒液、漂白粉使用较为广泛，保教人员应该学会根据说明书的配制浓度和配制计算公式，独立配制消毒液。常用消毒液的配制计算方法如下：

（1）以药物纯度为百分之百基数配制计算公式：

$$所需药量＝欲配制浓度 × 欲配制数量$$

$$加水量＝欲配制数量－所需药量$$

（2）以所含实际有效成分为基数配制计算公式：

$$所需原药量＝欲配制浓度 × 欲配制数量 / 原药含量$$

$$加水量＝配制数量－所需原药量$$

（3）固体消毒品的配制一般要先将所需药量计算好并称出，放入有刻度的容器内，加水至所需配制数量即可。

3. 消毒液的配置程序。

（1）漂白粉的配置程序。

① 容量标准。使用量杯或量桶时，按照刻度掌握容量。使用普通容器时，对容量要做出估计。一只普通碗或一只普通玻璃杯：250 ml（约 250 g）；一只普通脸盆：5 000 ml（约装 5 kg 水）；一只普通提水桶：10 000 ml（约装 10 kg 水）；一汤勺：约 10 ml。

② 计算。根据所需浓度，计算添水量和药量。

③ 配制比例。1% 的漂白粉溶液配制：100 g 漂白粉（约 10 汤勺）加水（一普通提水桶）。3% 的漂白粉溶液配制：300 g 漂白粉（约 30 汤勺）加水（一普通提水桶）。0.5% 的漂白粉溶液配制：50 g 漂白粉（约 5 汤勺）加水（一普通提水桶）。

（2）84 消毒液的配置程序。

首先，根据使用说明计算，对餐具、毛巾、瓜果蔬菜等的消毒应使用浓度为 0.2%～0.5% 的 84 消毒液，配制比例应为 1∶500～1∶200。具体可以根据消毒液配制计算公式和要配制的 84 消毒液的容量，计算所需的药量和加水量。然后，准备注射器、量杯和器皿。根据要配制消毒液的容量准备好盆或桶后，用注射器或量杯准确量出药液，放置在盆或桶中，根据需要的水量，用量杯将水加入盆或桶中。

4. 配制消毒液的注意事项。

（1）配置漂白粉的注意事项。

漂白粉不要受潮，否则会结块，导致失效；配制漂白粉溶液时，先在漂白粉中加入少量水，调成糊状，然后再加水搅匀；漂白粉溶液使用期为 10 天左右，要避光、避热，以防失效；不能用漂白粉对有色织物或金属物品进行消毒。

（2）配置84消毒液的注意事项。

使用84消毒液消毒后，被消毒过的物品必须再用清水冲洗，将残留在物品上的消毒液全部冲刷干净，以免婴幼儿中毒。

5. 幼儿呼吸系统的卫生保健要求。

保持室内空气新鲜，新鲜的空气病菌少且氧气多，能促进人体新陈代谢，利于幼儿呼吸系统健康。

二 工作内容

1. 提前做好开窗、通风，保持室内空气对流、光线充足，做好室内外各种设施设备的清洁工作。工作顺序：开窗通风→抹窗框、窗台→抹玩具柜、桌椅→抹床栏→拖地→摆放桌椅。此外还要用消毒剂滞留擦拭法对门把手、饮水龙头、洗手水龙头进行消毒。

2. 做好晨间接待工作，必要时与家长进行简短交流，了解一下幼儿在家的情况。要一视同仁地尊重和对待每位家长，与其建立诚挚平等的关系。

3. 帮助或指导幼儿整齐地摆放个人物品，并指导幼儿洗手入区活动。

4. 确保物品和饮水安全，指导中、大班幼儿做值日生工作，主要包括擦桌子、摆放杯子、挂毛巾等工作，指导时不要过多地干涉和要求。

三 操作技巧

1. 擦拭家具和活动室的地面。

（1）擦拭所有的家具，包括桌椅、柜子、书架、玩具架等。

（2）从上到下，面、边棱、腿、拐角等都要擦到，使之无灰尘、无积土。接着先擦拭家具和物品下面的地面，再擦拭其他位置的地面。

（3）幼儿的桌子要用消毒液擦拭后，再用清水擦拭2～3遍。

2. 毛巾清洗消毒。

（1）浸泡：先用自来水浸湿，再用洗衣粉或洗涤剂水浸泡20分钟左右。

（2）清洗：认真搓洗，特别脏的毛巾用肥皂搓，然后漂洗干净。

（3）消毒：可用煮沸15～30分钟或蒸汽消毒10～15分钟的方法，也可用0.5%的洗消净或84消毒液浸泡5～10分钟，然后用流动清水冲洗干净来消毒。

3. 水杯的消毒。

（1）洗：用百洁布（蘸去污粉或洗涤灵）擦拭杯口、杯内，用小刷子刷洗水杯的把手。

（2）冲：用流动水冲洗干净。

（3）泡：用 0.5% 的洗消净或 84 消毒液浸泡 5～10 分钟（也可煮沸 15～30 分钟或蒸汽消毒 10～15 分钟），用流动清水冲洗干净。

四 注意事项

1. 按时到岗，做到穿戴整齐，仪表整洁、大方。在活动室门口迎接入园幼儿，负责室内幼儿安全并配合教师组织游戏活动。

2. 接待幼儿要态度温和，与有需要的家长做简短交谈，提醒家长检查幼儿所带物品，防止将小刀、小玩具等较小物品带入班内。

3. 检查幼儿饮水的水温，防止烫伤幼儿。

4. 做好晨检工作，对幼儿开展文明礼仪、物品整理、值日生指导等方面的教育工作。

5. 对带药的幼儿做好登记，登记信息包括幼儿姓名、用药剂量、用药时间，并在带药记录表中详细填写，把药放在幼儿拿不到的地方，并有明显标志。

6. 了解班级幼儿的出勤和身体状况，对患病的幼儿或情绪不好的幼儿要特别关照。

五 课后作业

在线做题

一、单项选择题

1. 配制消毒剂，以药物纯度为百分之百的基数配制的公式为（　　）。

A. 欲配制浓度 × 欲配制数量＝所需药物量；欲配制数量－所需药物量＝加水量

B. 欲配制浓度／欲配制数量＝所需药物量；欲配制数量＋所需药物量＝加水量

C. 欲配制浓度＋欲配制数量＝所需药物量；欲配制数量－所需药物量＝加水量

D. 欲配制浓度－欲配制数量＝所需药物量；欲配制数量＋所需药物量＝加水量

2. 门把手、饮水龙头、洗手水龙头的消毒方式是（　　）。

A. 煮沸法　　　　　　　　　　　　　　B. 蒸汽法

C. 消毒剂浸泡法　　　　　　　　　D. 消毒剂滞留擦拭法

3. 保育员必须要一视同仁地尊重和对待每位家长，（　　），这也是教育公正的要求之一。

A. 教育好每位家长　　　　　　　　B. 与其建立诚挚平等的关系

C. 满足家长的要求　　　　　　　　D. 做好家长工作

4. 以药品剂型配制消毒剂公式举例：欲配制 0.25% 来苏儿溶液 8 kg，则需要来苏儿原药（　　）g，加水（　　）g。

A. 15，7 985　　　　　　　　　　B. 20，7 980

C. 25，7 975　　　　　　　　　　D. 30，7 970

5. 固体消毒品的配置方式是：将所需药量（　　）后，放入有刻度的容器里，加水至所需配置数量即可。

A. 计算称好　　　　　　　　　　　B. 目测

C. 自然测量　　　　　　　　　　　D. 估测

6. 擦拭家具和活动室的地面应注意（　　）。

A. 由外到里地擦拭家具和物品的地面

B. 由下到上地擦拭家具和物品的地面

C. 先擦拭家具和物品下面的地面，再擦拭其他位置的地面

D. 先擦拭其他位置地面，最后擦拭家具和物品下面的地面

二、简答题

1. 简述配置漂白粉的注意事项。

2. 简述 84 消毒液的配置程序。

3. 简述日托幼儿园的晨检工作内容。

活动环节二
晨 区 活 动

项目一：户外体育活动

导入视频

☀ 学习目标

1. 懂得户外体育锻炼前准备器械，检查场地安全、添减幼儿服装。

2. 在体育锻炼活动中能协助教师组织幼儿活动、照护特殊幼儿。

3. 体育锻炼活动后会指导幼儿收拾器械。

4. 能根据幼儿年龄特点协助教师组织户外活动。

户外活动

⚊ 基础知识

1. 幼儿园要创设良好的教育活动环境，保教人员应该根据计划要求和幼儿的实际情况来创设环境，用幼儿感兴趣的方式开展丰富多彩的户外游戏和体育活动，教授基本动作，增强幼儿动作的协调性和灵活性。户外活动时，幼儿接受空气的温度、湿度和气流的刺激，可增强机体的抵抗力。适量接受阳光的照射，可使身体产生维生素 D，预防佝偻病。

2. 经常参加体育锻炼和户外活动，保证活动量充足，活动量过小，达不到锻炼孩子身体的目的。体育锻炼和户外活动可促进呼吸系统发育，增加肺活量，提高幼儿对疾病的抵抗力，还可促进新陈代谢，加速血液循环，使肌肉更健壮有力，能刺激骨骼的生长，使身体长高，并促进骨骼中无机盐的积淀，使骨骼更坚硬。

3. 保教人员配合户外活动工作程序：

（1）活动前进行户外活动场地、材料的准备工作；

（2）活动中保育员要配合教师组织活动，根据天气和幼儿冷热添减衣服，照顾个别幼儿；

（3）活动结束后做好收拾整理工作。

4. 幼儿在户外活动时的活动量是有差异的，保教人员要注意观察，了解每个孩子的实际活动量，及时为孩子增减衣服。在冷空气中玩耍，幼儿容易感冒，因而冬季外出活动，应让幼儿穿一件马甲以防感冒。

5. 幼儿园应制定合理的幼儿一日生活作息制度。在正常情况下，幼儿户外活动时间每天不得少于 2 个小时，其中体育锻炼不少于 1 小时，寄宿制幼儿园不得少于 3 个小时，高寒、高温地区可酌情增减。

🟢 二 工作内容

图2　户外活动添减衣物

1. 观察幼儿参与活动的情况，及时给予帮助和指导，根据天气变化和幼儿体质，提醒和帮助幼儿穿、脱衣服（见图 2）。

2. 根据保健医生的指导，对个别需要特殊帮助的幼儿进行体能训练，对体弱幼儿进行个别照顾。

3. 协助、指导值日生幼儿做好器械的收拾和整理。处理幼儿在户外活动中的擦伤、碰伤等意外事故。

4. 活动后组织幼儿如厕、洗手和饮水。

🟢 三 操作技巧

1. 开展活动前要跟幼儿强调活动规则、注意事项。

2. 参加体育锻炼前要根据天气为幼儿增减衣服或垫汗巾。

3. 剧烈活动后不能马上饮水，稍微休息后再组织幼儿饮水。

四　注意事项

1. 保教人员共同参与指导，当班教师巡回指导，保育员协助，保教分工明确。

2. 活动前检查场地、体育器械的安全。

3. 提醒幼儿检查鞋带是否松绑。

4. 保教人员配合户外活动应注意：

（1）在幼儿户外活动前，保教人员要先出来感受一下室外实际的温度，再结合幼儿活动的内容为幼儿准备户外活动的服装。

（2）在活动中注意观察体弱儿和肥胖儿的情况，随时根据他们活动的情况为其增减衣服。

五　课后作业

在线做题

一、单项选择题

1. 为了创设良好的教育活动环境，保教人员应该根据计划要求和（　　　）来创设环境。

A. 幼儿的实际情况　　　　　　　　B. 教师的实际要求

C. 活动的具体情况　　　　　　　　D. 幼儿的实际要求

2. 幼儿在自由活动时的活动量是（　　　），保教人员要注意观察，了解每个孩子的实际活动量，及时为孩子增减衣服。

A. 有差异的　　　　　　　　　　　B. 大致相同的

C. 大不相同的　　　　　　　　　　D. 一样的

3. （　　　），达不到锻炼孩子身体的目的。

A. 活动内容少　　　　　　　　　　B. 活动时间短

C. 活动量过小　　　　　　　　　　D. 活动方式简单

4. 冬季外出活动，应让幼儿（　　　）以防感冒。

A. 多穿衣服　　　　　　　　　　　B. 少穿衣服

C. 穿一件马甲　　　　　　　　　　D. 多穿一件马甲

5.（　　）容易引起幼儿感冒。

A. 在冷空气中玩耍　　　　　　　B. 在阳光下玩耍

C. 游泳　　　　　　　　　　　　D. 天冷时，让孩子们在户内玩耍

6. 幼儿园应制定合理的幼儿一日生活作息制度。幼儿（　　）的时间在正常情况下，每天不得少于 2 个小时，寄宿制幼儿园不得少于 3 个小时，高寒、高温地区可酌情增减。

A. 游戏活动　　　　　　　　　　B. 学习活动

C. 户外活动　　　　　　　　　　D. 生活活动

二、简答题

1. 简述保教人员配合户外教育活动的工作程序。

2. 简述保教人员配合户外教育活动工作的注意事项。

项目二：室内区域活动

导入视频

学习目标

1. 设计区域活动，投放、更换和整理区域材料。

2. 了解班级区域材料使用方法，并能指导幼儿操作。

3. 在区域活动中会适时介入，不要干预过多或放任不管。

室内区域
活动

一　基础知识

1. 区域活动是由教师为幼儿提供合适的活动场地、材料、玩具和学具等，让幼儿自由选择活动内容，通过操作、摆弄、发现、讨论、拼搭等活动来获得知识、发展能力的一种教育形式，能够让幼儿自由、快乐、健康地成长，实现"玩中学、做中学"。通过区域活动能有效促进幼儿个性的发展，幼儿在区域活动中相互交往、合作，他们处理问题、解决问题的能力可以得到提高。在区域活动中，幼儿参与的积极性较高，能积极动脑、大胆创作（见图 3）。

2.《幼儿园教育指导纲要（试行）》指出，幼儿园教育应尊重幼儿的人格和权利，尊重幼儿身心发展的规律和学习特点，以游戏为基本活动。

3. 幼儿园常规区域有：建构区、美工区、表演区、阅读区、益智区、语言区、沙水区、运动区等。区域活动的主要形式有：集体活动、分组活动、自选活动、自由活动、主题活动、联合活动。

图 3　班级区域活动

4. 区域活动的开展离不开区域材料投放，保育员应协助教师制作教玩具，保育员制作玩具和教具工作应注意：

（1）玩具和教具必须符合安全卫生的要求。

（2）玩具和教具的大小、轻重应适合学前儿童的使用。

（3）玩具和教具应经常消毒。

（4）对玩具和教具应做好保养和维修工作。

5. 制作玩教具应收集和选择合适的材料，要注意：

（1）根据教育的要求，收集制作玩具和教具所需要的材料。

（2）了解并根据教育的需要，有目的地购置材料。

（3）发动幼儿和家长共同收集材料。

（4）选择合适的材料，制作玩具和教具。

二 工作内容

1. 协助做好区域活动场地与材料的准备工作。

2. 协助指导幼儿区域活动。

3. 协助整理活动材料。

三 操作技巧

1. 区域材料应该具有可变性和可创造性的特点，即一种玩具材料学前儿童可以用多种方式去操作，充分发挥幼儿的创造性，投放数量要超过幼儿人数的 1.5 倍。

2. 根据区域目标投放材料，区域材料以低结构为主。

3. 材料放置于托盘或篮子，并制作与玩具柜对应的标签。

四 注意事项

1. 尊重幼儿自主选择区域，不要急于干涉幼儿的活动，要观察幼儿的活动情况，把握好介入幼儿活动的时机，做出适时、适当的指导。

2. 应为幼儿创设丰富的环境并提供物质材料。

3. 注重培养幼儿遵守区域规则的意识。

4. 培养幼儿收拾玩具的良好习惯。

五 课后作业

在线做题

一、单项选择题

1. 玩具和材料应该具有（　　　）和可创造性的特点，即一种玩具材料学前儿童可以用多种方式去操作，充分发挥孩子的创造性。

A. 可变性　　　　　　　　　　　　B. 坚实性

C. 共玩性　　　　　　　　　　　　D. 角色性

2.《幼儿园教育指导纲要（试行）》指出，幼儿园教育应尊重幼儿的人格和权利，尊重幼儿身心发展的规律和学习特点，以（　　　）为基本活动。

A. 上课　　　　　　　　　　　　　B. 教学

C. 读写　　　　　　　　　　　　　D. 游戏

3. 保教人员在参与幼儿活动时，不要急于干涉幼儿的活动，要（　　　），把握好介入幼儿活动的时机，做出适时、适当的指导。

A. 通过扮演角色　　　　　　　　　B. 观察幼儿的活动情况

C. 了解孩子游戏的情节　　　　　　D. 做好场地、设备的准备

4. 区域活动是由教师为幼儿提供合适的活动场地、材料、玩具和学具等，让幼儿自由选择活动内容，通过（　　　）来获得知识、发展能力的一种教育形式，能够让幼

儿自由、快乐、健康地成长，实现"玩中学、做中学"。

A. 反复练习　　　　　　　　　B. 模仿

C. 操作、摆弄　　　　　　　　D. 训练

5. 区域活动投放材料数量要超过幼儿人数的（　　　）以上。

A. 0.5 倍　　　　　　　　　　B. 1.5 倍

C. 1 倍　　　　　　　　　　　D. 2 倍

6. 根据区域目标投放材料，区域材料以（　　　）为主。

A. 低结构　　　　　　　　　　B. 高结构

C. 仿真　　　　　　　　　　　D. 真实

二、简答题

1. 简述保教人员制作玩具和教具工作的注意事项。

2. 简述制作玩具和教具要怎样收集和选择合适的材料。

活动环节三
教 育 活 动

导入视频

集中教育
活动

学习目标

1. 会根据教学内容，为教师集中教育活动做好材料、场地准备。

2. 在集中活动中能协助教师组织活动，照护特殊儿童。

一 基础知识

1. 保教人员要熟练掌握现代教育技术，恰当有效地选择教学方式和方法，直观形象地展示教学内容，成为幼儿学习活动的支持者、合作者、引导者（见图4）。

（1）以关怀、接纳、尊重的态度与幼儿交往，耐心倾听，努力理解幼儿的想法与感受，支持、鼓励他们大胆探索与表达。

（2）善于发现幼儿感兴趣的事物、游戏和偶发事件中所隐含的教育价值，把握时机，积极引导。

（3）关注幼儿在活动中的表现和反应，敏感地察觉他们的需要，及时以适当的方式应答，形成合作探究式的师生互动。

（4）尊重幼儿在发展水平、能力、经验、学习方式等方面的个体差异，因人施教，努力使每一位幼儿都能获得满足和成功。

（5）关注幼儿的特殊需要，包括各种发展潜能和不同发展障碍，与家庭密切配合，共同促进幼儿健康成长。

图4 教育活动

2. 保教人员的态度和管理方式应有

助于形成安全、温馨的心理环境，言谈举止应成为幼儿学习的良好榜样。

3.《3—6岁儿童学习与发展指南》从健康、语言、社会、科学、艺术五个领域描述幼儿的学习与发展，以为幼儿后继学习和终身发展奠定良好素质基础为目标，以促进幼儿体、智、德、美各方面的协调发展为核心，通过提出3—6岁各年龄段儿童学习与发展目标和相应的教育建议，帮助幼儿园教师和家长了解3—6岁幼儿学习与发展的基本规律和特点，建立对幼儿发展的合理期望，实施科学的保育和教育，让幼儿度过快乐而有意义的童年。

4. 保教结合的教育原则要求保教人员在活动中要做好幼儿的个别化指导工作。在指导幼儿个别化参与活动的工作中：要认真观察全班幼儿的活动，找出需要帮助的幼儿；掌握幼儿活动的真实情况，有针对性地给予他们帮助和指导；及时与教师、家长沟通情况，对幼儿采取一致的教育方法。指导幼儿个别化参与活动应注意：尊重和信任幼儿，掌握与幼儿交往的正确方法，注意用体态语言与幼儿交流。以面向全体和因材施教的原则要求保教人员，在教学过程中应允许幼儿按自己的学习方式、学习速度进行学习。

5. 幼儿园应根据幼儿解剖生理特点做好幼儿神经系统保健，为不同年龄的幼儿安排好一天的活动时间和内容。活动内容和方式应注意动静交替，使大脑皮质的神经细胞能轮流工作和休息，以避免疲劳。生活有规律，形成良好习惯，可以使幼儿大脑皮质在兴奋与抑制过程中有规律地交替进行，更好地发挥神经系统的功能。制定幼儿的生活制度要注意以下几点：

（1）一天中游戏时间多，上课时间少。

（2）各项活动时间较短，内容与方式多变。

（3）进餐间隔时间短，睡眠时间长。

（4）生活自理时间比较多。

（5）保证幼儿呼吸到新鲜空气。

二 工作内容

1. 活动前，主动配合教师做好活动前的准备工作，为教师准备集体教育活动需要的材料，检查场地安全、卫生，以及桌椅摆放等是否符合要求。

2. 在教师的指导下，参与个别教育或提供帮助，配合教师处理活动中的偶发事件。

3. 指导幼儿及时做好活动后的收拾与整理工作，保持环境整洁。

三 操作技巧

1. 应与幼儿形成合作探究式的师生互动，努力成为幼儿学习活动的支持者、合作者和引导者。

2. 教学内容的选择既要贴近幼儿现实生活，又要有助于拓展幼儿的经验和视野。

3. 要充分挖掘多种教育资源，各领域的内容要有机联系、相互渗透，将教育寓于生活和游戏之中。

4. 要为幼儿准备有层次、有意义、数量充足的操作材料，支持、引发幼儿与材料的互动。

5. 平时的工作中应明确活动目标在幼儿发展中的作用，掌握主要的活动内容和指导要点，活动中根据幼儿的不同情况和教师的不同要求，采取灵活机动的方式，保证活动能够顺利进行。善于发现活动过程中隐含的教育契机和价值，把握时机，积极引导。

6. 要与家长交流教学内容，鼓励家长参与教学过程，实现家园共育。

四 注意事项

1. 保教人员要树立正确的角色意识，把参与教育幼儿的活动看成是自己必须做好的工作，高度重视在参与幼儿活动的过程中对幼儿的随机教育，促进幼儿的发展。

2. 保教人员在参与幼儿活动时，不要急于干涉幼儿的活动，要善于观察幼儿的活动情况，把握好介入幼儿活动的时机，做出适时、适当的指导。

3. 注意与教师和家长的沟通，对教育问题要与家长达成共识，对幼儿提出一致的教育要求。

五 课后作业

一、单项选择题

在线做题

1. 保教人员要熟练掌握现代教育技术，恰当有效地选择教学方式和方法，（　　　）。

A. 直观形象地展示教学内容　　　　B. 做好幼儿教育工作

C. 为人师表，遵纪守法　　　　　　D. 积极进取，开拓创新

2. 罗杰斯认为：越是儿童不熟悉、不需要的内容，儿童学习的依赖性、被动性就会越大。只有当儿童觉察到学习内容与他自己有关时，才会全身心投入，意义学习才会发生。这要求我们要意识到（　　）的学习至关重要。

    A. 生活中　　　　　　　　　　　B. 科学课

    C. 游戏中　　　　　　　　　　　D. 语言

3. 幼儿园安排幼儿从事的各种活动都有其特定的教育目标，保教人员在平时的工作中应明确活动目标在幼儿发展中的作用，掌握主要的活动内容和（　　）。

    A. 物质准备　　　　　　　　　　B. 精神准备

    C. 指导要点　　　　　　　　　　D. 方法

4. 在活动的过程中，保教人员应善于根据幼儿的不同情况和（　　），采取灵活机动的方式，保证活动能够顺利进行。

    A. 教师的不同要求　　　　　　　B. 幼儿的物质条件

    C. 幼儿的兴趣需要　　　　　　　D. 幼儿的活动内容

5. （　　）要求保教人员在教学过程中应允许孩子按自己的学习方式、学习速度进行学习。

    A. 尊重儿童的人格尊严和合法权利的原则

    B. 促进幼儿体、智、德、美全面发展的原则

    C. 面向全体与因材施教的原则

    D. 坚持正面教育的原则

6. 保教结合是幼儿园的教育原则，要求保教人员在活动中，要做好（　　）。

    A. 全体幼儿的教学组织　　　　　B. 活动计划的制订

    C. 活动过程的实施　　　　　　　D. 幼儿的个别化指导工作

7.《3—6岁儿童学习与发展指南》从（　　）五个领域描述幼儿的学习与发展。

    A. 体育、语言、社会、科学、艺术

    B. 健康、语言、社会、科学、艺术

    C. 健康、语文、社会、科学、艺术

    D. 健康、语言、社会、数学、艺术

8. 幼儿大脑皮质在兴奋与抑制过程中有规律地交替进行，可以更好地发挥神经系统的功能，因而幼儿园课程安排要（　　）。

A. 长时间进行语言教育活动

B. 集中教学活动时间长，游戏活动时间短

C. 长时间进行体育游戏活动

D. 注意动静交替

二、简答题

1. 简述指导幼儿个别化参与活动的工作程序。

2. 简述指导幼儿个别化参与活动的注意事项。

活动环节四

饮　水

导入视频

☀ 学习目标

1. 了解不同年龄幼儿一天的标准饮水量，并说明饮水对幼儿健康的作用。

2. 掌握幼儿饮水前水具清洁消毒和饮水设施摆放等准备要求。

3. 理解幼儿饮水的重要性，掌握饮水时的保育要求。

幼儿饮水

一 基础知识

1. 幼儿饮水时常见的危险因素及其危害：

（1）长期饮用矿泉水和纯净水不利于幼儿健康。长期饮用矿泉水摄入矿物盐太多会加重肾脏和膀胱负担，导致酸碱失衡和微量元素过量。长期饮用纯净水则会缺乏矿物质和微量元素。

（2）饭前喝水，会稀释胃液，影响幼儿的食欲，也不利于食物的消化；睡前喝水过多，会影响睡眠，导致第二天精神不佳，也可能导致遗尿；喝过冷或过热的水，都会对幼儿娇嫩的胃黏膜造成伤害。

（3）喝水时追逐打闹容易出现危险，如喝水呛到、水泼洒弄湿衣服、水打翻滑倒等。

2. 幼儿饮水时的保育要求：

（1）指导幼儿认识水杯标记并正确使用水杯喝水。

（2）能发现并排除幼儿饮水时的危险因素，维护幼儿饮水的安全。

（3）照顾和组织不同年龄班幼儿安静饮水并培养各年龄幼儿良好的饮水习惯。

（4）培养各年龄幼儿独立饮水的能力，能根据幼儿饮水的不同状况及身心发展的个体差异，做好饮水的个别教育工作。

3. 水对幼儿健康的作用。水对人体的作用十分重要，幼儿也不例外。水是构成人体组织细胞的重要成分，是机体物质代谢不可缺少的溶剂，机体所有的化学变化都是在水的参与下进行的。水还起着运输养料、代谢废物的作用，在水的参与下，血液能够给机体运送营养物质，并把代谢的废物排出体外。水在人体内起着润滑的作用，保持眼球的湿润和关节的灵活运动。水还能通过血液循环调节人的体温。

4. 幼儿对水的需要量。幼儿对水的需要量主要取决于幼儿活动量的大小、外界的气温、食物的质与量等。不同年龄的幼儿对水的需要量：1 岁以内的婴儿每日每千克体重应摄取 120～160 ml 的水；2～3 岁的幼儿每天每千克体重应摄取 100～140 ml 的水；4～6 岁的幼儿每日每千克体重应摄入 90～110 ml 的水，幼儿在园饮水量大约 700～800 ml。幼儿的饮水量应充足，尤其是大量出汗、腹泻、呕吐以后，由于机体流失大量的水分，应及时补充水，以防脱水。饮水太少幼儿容易患泌尿系统感染。

5. 剧烈运动后不宜立刻喝大量的水，以免过多的水分吸收入血液而增加心脏的负担。如果运动时出汗过多，可让幼儿喝少量的淡盐开水，以维持体内无机盐的平衡。

二　工作内容

1. 根据季节、天气和幼儿的饮水情况，及时为幼儿补充温度适宜的饮用水，保证幼儿足够的饮水量。

2. 提醒幼儿喝水前洗手，指导幼儿安全有序地取水与放置杯子。

3. 提醒幼儿按需饮水，关注有特殊需要的幼儿多饮水。

4. 清洗饮水设备，幼儿个人专用饮水杯每天清洗并消毒一次，饮水龙头采用消毒剂滞留擦拭，水杯可用消毒柜高温紫外线消毒。

5. 保持水杯架整洁、干爽。

三　操作技巧

1. 每天要清洗饮水桶，操作要点：

（1）倒掉前一天的剩水。

（2）每天用洗涤剂、定期用消毒剂清洗和消毒饮水桶，做到里外都洗净。

（3）用清水将水桶里外漂洗干净。

（4）每天用消毒剂擦拭水龙头和出水口，保证饮水桶清洁、无死角。

2. 开展谈话或相关教育活动，让幼儿了解饮用白开水的重要性和注意事项。

3. 应根据季节等情况，提醒幼儿调整饮水量，要逐步引导幼儿学会按需饮水（见图5）。

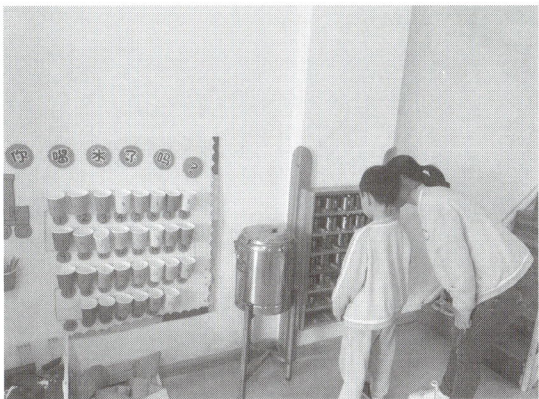

图5 饮水

4. 适时提醒幼儿要节约用水，饮多少接多少。设计"饮水记录表"，根据饮水记录，及时提醒不喜欢饮水的幼儿饮水，保证每位幼儿都能适量饮水。随机渗透安全教育，提醒幼儿注意饮水安全，以防热水烫伤。

5. 应与家长沟通，指导家长在家庭中提醒幼儿保持正确的饮水习惯。

四 注意事项

1. 晨检后，提醒幼儿用盐水漱口，漱口方法：小口喝盐水—仰头—水停留在嗓子眼儿多震动几次—吐出盐水。

2. 每天固定饮水2～3次，鼓励幼儿渴了主动饮水，督促幼儿喝完规定计量白开水，记录幼儿饮水次数，确保幼儿饮水量。

3. 温开水进入教室，预防烫伤幼儿。

4. 每位幼儿要有专用杯子，预防交叉感染。

5. 饮水组织时的注意事项：

（1）幼儿应坐在自己的座位上喝水，避免泼洒。

（2）保教人员应注意提醒幼儿饮水。

（3）保教人员应注意控制幼儿剧烈运动后的饮水量。

（4）幼儿剧烈运动后不应喝大量的水，可少量饮水，以湿润干渴的嗓子。

（5）保教人员应提醒幼儿注意喝水的速度，不能太快。

五 课后作业

在线做题

一、单项选择题

1. 幼儿水杯消好毒后，拿出放在（ ）。

A. 消毒柜里   B. 盥洗室里

C. 水杯架上   D. 幼儿桌上

2. 晨检后，提醒幼儿用（ ）漱口。

A. 漱口水   B. 牙膏水

C. 柠檬水   D. 盐水

3. 饮水龙头消毒可采用（ ）方法。

A. 消毒剂擦拭   B. 消毒剂喷雾

C. 清水擦拭   D. 消毒剂滞留擦拭

4. 门把手、饮水龙头、洗手水龙头的消毒次数是（ ）。

A. 每 3 天 1 次   B. 每 2 天 1 次

C. 每天 1 次   D. 每周 1 次

5. 提醒幼儿用盐水漱口的顺序是（ ）。

A. 小口喝盐水—仰头—水停留在嗓子眼儿多震动几次—咽下盐水

B. 小口喝盐水—低头—水停留在嗓子眼儿多震动几次—吐出盐水

C. 小口喝盐水—仰头—水停留在嗓子眼儿多震动几次—吐出盐水

D. 大口喝盐水—仰头—水停留在嗓子眼儿多震动几次—吐出盐水

6. 幼儿在园饮水量大约（ ）。

A. 700～800 ml   B. 500～600 ml

C. 400～500 ml   D. 300～400 ml

二、简答题

1. 简述清洗饮水桶的步骤。

2. 简述组织幼儿饮水时的注意事项。

活动环节五

盥　洗

🌀 **学习目标**

　　1. 了解幼儿皮肤的特点、幼儿盥洗的保育任务、幼儿盥洗基础知识。

　　2. 理解幼儿良好的盥洗习惯对于幼儿健康的重要意义。

　　3. 能说出幼儿盥洗防暑降温、防寒保暖的措施和盥洗前幼儿安全教育的方法等。

　　4. 掌握幼儿盥洗时的保育要点。

导入视频

幼儿洗手

⬤ 基础知识

　　1. 洗手的程序（见图 6）。

　　（1）指导幼儿卷衣袖或撸衣袖。

　　（2）轻轻拧开水龙头，水流不能太大。

　　（3）将手心、手背、手腕浸湿，然后搓肥皂，最好搓出泡沫，使手心、手背都能被肥皂洗到。

　　搓肥皂的方法是：一手拿肥皂，在另一只手上涂抹，先涂抹手心，后涂手背，之后换手拿肥皂，动作

图 6　洗手

相同。为了防止肥皂从幼儿的手中滑落，保育员应将肥皂放入网袋中，将网袋的一端固定在水管或墙壁上。

　　搓洗手的方法是：先两手手心搓出泡沫后，右手搓左手手背，左手搓右手手背，

左手握住右手手腕转圈搓，转圈搓到手指尖。然后左右手交换动作。最后，两手五指分开，手指交叉洗手指缝。

（4）用清水将手冲洗干净，关好水龙头。

（5）用毛巾将手擦干。

2. 洗脸步骤。

（1）保教人员提醒幼儿洗脸前要闭上眼睛，擤鼻涕。

（2）将毛巾浸湿拧干。

（3）洗脸的顺序是：先用毛巾擦里、外眼角，然后擦前额、脸颊、鼻孔下方、口周、下巴、脖子及耳朵，具体如下。

① 擦拭眼睛。要求幼儿将眼睛闭上，里眼角向里擦，外眼角向外擦，然后反复横向擦拭。

② 擦拭嘴。要求幼儿先张口擦两边嘴角，然后闭上嘴巴，擦嘴唇，最后用毛巾在口周擦拭一圈。

③ 擦拭鼻部。洗脸前保教人员应先要求有鼻涕的幼儿用纸擤鼻涕，然后要求幼儿用毛巾擦拭鼻孔边缘，再反复擦眼睛、鼻子和嘴的周围。

④ 擦拭面部。保教人员应指导幼儿用毛巾反复在前额、面颊和下巴处画大圈，将面部清洁干净。

⑤ 擦拭耳朵。保教人员应指导幼儿用毛巾先擦耳朵眼，再擦耳廓，最后擦洗耳廓的背侧面。

⑥ 擦拭脖子。保教人员应指导幼儿先擦脖子的两侧，再擦脖子的前边，最后擦洗脖子的后边。

（4）额、眼角、鼻孔、口周、下巴等处，是幼儿洗脸时经常被遗忘的地方，保教人员应及时提醒幼儿。

（5）洗脸期间应清洗 1～2 次毛巾，以保证毛巾的清洁。

（6）冬季洗脸后应擦面油，以滋润幼儿的皮肤。

3. 洗脚。

（1）在洗脚过程中，应将洗完的一只脚先放在盆里，再去洗另一只脚。

（2）洗脚后应将脚趾缝擦干。

4. 洗屁股。

（1）为幼儿准备一人一盆和清洁的毛巾。

（2）男孩也应洗屁股。

（3）洗屁股前应提醒幼儿卷袖子、脱裤子，以免弄湿衣服。

（4）注意幼儿洗屁股的方向性，即从前向后洗。

（5）提醒幼儿每擦一下屁股对折一次毛巾，防止幼儿用毛巾的一面反复擦。

5. 洗澡。

（1）保教人员为幼儿准备洗澡水时应注意水温要比幼儿体温略高 $1\sim2℃$，指导幼儿洗澡过程中，应注意防止肥皂和水进入他们的眼睛和耳朵。

（2）幼儿独立洗澡过程中会遇到许多问题，保教人员应在洗澡过程中给予幼儿及时的帮助。例如容易忽略的身体某些部位，类似后脖子、后背等幼儿够不到的地方，洗澡结束应及时擦干身上的水等，这些都需保教人员及时提醒和帮助。

二 工作内容

1. 为幼儿准备温度适宜的流动水，做好盥洗准备，放好肥皂。

2. 检查幼儿盥洗后整理服装的情况，保持幼儿衣着清洁干爽。

3. 观察幼儿进盥洗室的情况，随机进行生活技能教育，照顾能力较弱的幼儿，必要时给幼儿以适当的帮助。

4. 给盥洗室开窗通风和清洗，保持盥洗室地面整洁、干爽。备好卫生纸、香皂，及时清洗、消毒幼儿盥洗后的毛巾。

5. 做到幼儿用品专人专用，及时洗净，定期消毒、更换。

三 操作技巧

1. 应巧用标识和图示为幼儿创设富有童趣和教育性的盥洗环境。

2. 应合理分工，最好一人在活动室，一人在盥洗室，以保证幼儿盥洗活动安全有序。

3. 应针对不同年龄班幼儿生活自理能力的差异，提供相应的指导和帮助，如小班幼儿不会挽袖子、洗手方法不正确，中、大班幼儿洗手不认真、喜欢打闹玩水等。对小班幼儿保教人员要指导幼儿洗手时双手略向下，避免水顺着手臂倒流，弄湿衣袖，应轻轻拧开水龙头，水流不能太大。对中、大班幼儿则要在洗前提醒其认真洗手，不玩水、不敷衍。

4. 随机丰富幼儿关于水的知识经验，渗透卫生习惯养成和节约用水的教育，与幼儿一起或引导幼儿自主制订盥洗规则，引导幼儿学会自我管理。

5. 应与家长沟通，指导家长在家庭中提醒幼儿保持正确的盥洗习惯。

四　注意事项

1. 养成幼儿手脏、进食前、大小便后用肥皂洗手的习惯。洗手时教幼儿卷袖子或往上拉。

2. 保教人员指导幼儿将手心、手背、手腕浸湿，然后搓肥皂，最好搓出泡沫，使手心、手背、手指缝都被肥皂洗到，用清水将手冲洗干净，关好水龙头，然后将小手在水池里甩三下，用毛巾擦干手。

3. 应该帮助或提醒初入幼儿园的幼儿及时洗手，对不会洗手的幼儿，由保教人员帮助洗。

4. 幼儿大便拉在身上后，应先换下弄脏的衣裤，再给幼儿清洗屁股，洗屁股的盆要专用，每次用后要消毒备用。洗屁股时由前往后洗，也可用水冲洗。

5. 给幼儿盥洗时，动作要轻柔，态度要和蔼可亲，不能训斥或埋怨，以免增加幼儿的心理负担。注意不要留长指甲或戴戒指，操作时容易划伤幼儿的皮肤。

五　课后作业

在线做题

一、单项选择题

1. 保教人员对幼儿盥洗的指导应该（　　　）。

A. 集中指出错误　　　　　　　　B. 一次练习

C. 让幼儿认真看　　　　　　　　D. 反复练习

2. 保教人员为幼儿洗澡时应注意水温要比幼儿体温（　　　）。

A. 略高 1～2℃　　　　　　　　B. 略低 1～2℃

C. 略高 2～4℃　　　　　　　　D. 略低 2～4℃

3. 指导幼儿拧水龙头时，应注意（　　　）。

A. 水流要大　　　　　　　　　　B. 水流不能太大

C. 不关水龙头　　　　　　　　　D. 水流要小

4. 成人应该帮助或提醒（　　　）的幼儿及时洗手。

A. 幼儿园末期　　　　　　　　　B. 未入幼儿园

C. 初入幼儿园　　　　　　　　　D. 幼儿园中期

5. 给幼儿洗屁股应注意尽量避免（　　　）。

A. 从后往前擦　　　　　　　　　B. 洗湿裤子

C. 提前排大便　　　　　　　　　D. 提前排小便

6. 搓洗手正确的顺序是（　　　）。

A. 手心—手背—手腕—手指—手指尖—手指缝

B. 手指尖—手指—手心—手背—手腕

C. 手指—手心—手背—手腕—手指尖

D. 手心—手背—手指—手指尖—手指缝—手腕

7. 盥洗室清洁工作除了开窗通风和清洗外，还包括（　　　）。

A. 备好卫生纸、香皂　　　　　　B. 备好针线

C. 清洗玩具　　　　　　　　　　D. 清洗纱窗

8. 保教人员给幼儿洗脸时，应注意提醒他们（　　　）。

A. 闭上眼睛　　　　　　　　　　B. 睁开眼睛

C. 捏住鼻子　　　　　　　　　　D. 牙齿咬紧

二、简答题

1. 简述洗手的步骤。

2. 简述洗脸的步骤。

活动环节六

餐　点

学习目标

1. 列举幼儿进餐时常见的危险因素及其危害，掌握各类特殊幼儿进餐的保育要求，说出正确的进餐姿势。能在模拟的情景中发现并排除幼儿进餐时的危险因素，维护进餐活动的安全。

2. 说明独立进餐能力的意义、各年龄班幼儿进餐能力的不同要求及其培养方法，说明良好进餐习惯的内涵、各年龄班幼儿进餐习惯的不同要求及其培养方法，了解幼儿餐后整理要求，说明幼儿餐后适宜的活动及其原理。

3. 能模拟组织各年龄班幼儿进餐及进餐后保洁的规范操作，培养幼儿良好的进餐及餐后整理习惯。

导入视频

餐点

餐点组织

一　基础知识

1. 幼儿进餐时情绪愉快，支配消化腺分泌的神经兴奋占优势，消化腺分泌增多，促进食物消化，安静、熟悉的进餐环境有助于幼儿产生食欲。保教人员在餐前还可用猜谜的形式猜菜名、用故事引导幼儿产生对某种食物的想象或讲饭菜的营养和作用，以激发幼儿食欲。

2. 不良进餐习惯会影响幼儿身体健康，不良进餐习惯主要原因包括：孩子好动的天性、家长要求不严格等。

3. 餐前剧烈运动，在中枢神经系统调节下，全身血液会对氧分供应进行重新分配，使得消化腺的分泌大大减少，从而影响胃肠部的消化和吸收。一般认为，运动后至少休息30~40分钟进食较为科学。饭后马上剧烈运动，会使正在参与胃肠部消化的血液又重新分配，流向肌肉和骨骼，从而影响胃肠的消化和吸收，还会因胃肠的震动和肠系膜的牵扯而引起腹痛及不适感，影响健康。因此，至少在饭后1.5小时才可以进行运动。

4. 幼儿园要建立合理的饮食制度，培养幼儿良好的卫生习惯：

（1）不能让幼儿暴饮暴食，要少食多餐，必须养成定时定量进餐的习惯。

（2）幼儿的饭菜要新鲜、无污染、营养丰富且易于消化。

（3）要注意饮食的清洁卫生，饭前便后要洗手，平时还要注意做好幼儿的食品、餐具、物品、玩具的消毒，防止病从口入。

（4）应培养幼儿细嚼慢咽、不吃汤泡饭、少吃零食及不挑食的好习惯。

（5）饭后擦嘴、漱口，吃完零食及时漱口，不要边吃边说笑，更不要边玩耍边吃零食。

5. 注重对幼儿自理能力的培养，中、大班可以安排值日生参与班级清洁卫生工作，餐前对值日生清洁卫生的指导工作要点如下：

（1）餐前清洁卫生工作，主要是指餐桌的清洁卫生工作。在进行餐前卫生指导前，保教人员应该首先做好准备工作，包括为每人准备一件清洁的工作服、两块抹布和擦拭液。保教人员应该确定值日生，每次需要两名，由全班幼儿轮流承担。

（2）示范并讲解擦拭餐桌的全过程。餐桌需要擦拭两遍，第一名值日生用洗涤液擦拭第一遍，第二名值日生用清水擦拭第二遍，做到清—消—清。具体的擦拭方法是：值日生应先将抹布对折成长方形，然后进行擦拭。擦半张桌子翻一个面，擦一张桌子清洗一次抹布，抹布不能一擦到底。幼儿擦拭桌面可采用"几"字形擦拭法。

🟢 工作内容

1. 分餐前洗净手并备好食品，用消毒水、清水依次消毒清洗桌子。

2. 指导值日生做好餐前准备工作，值日生分发餐具的数量应为一人一碗一盘。

3. 分餐时按照食品卫生要求规范操作。餐点温度适中，幼儿随到随分（见图7）。

4. 掌握幼儿进食情况，根据需要添食。鼓励幼儿吃饱吃好，不暴饮暴食。

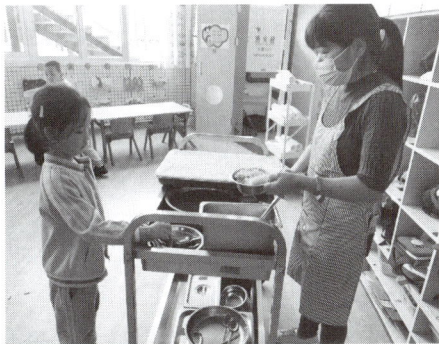

图7 餐点环节

5. 幼儿用餐点时，不催食，不做班级卫生。

6. 餐点后，按要求做好餐具、餐巾清洗消毒工作。

三　操作技巧

1. 保证幼儿两餐间隔时间不得少于 3.5 小时。

2. 分发食物必须戴口罩，必须使用食品夹或消毒筷。

3. 要特别关注特殊体质和饮食习惯的幼儿，尽可能地为特殊幼儿提供个性化的服务。

4. 指导幼儿正确使用餐具：

（1）指导幼儿使用勺子时，应提醒幼儿勺中饭不能太多，以免泼洒。技巧：以鼓励、表扬为主；小幼儿初学用勺子吃饭，不要过分强调抓握姿势；初学进餐，幼儿会弄脏自己的衣服和周围的环境，要宽容、有耐心，不要批评他们；不限制幼儿使用左右手。幼儿进餐中用哪只手拿勺，以其习惯的优势手为标准，若出现幼儿在进餐中一只手疲劳后，改用另一只手，不要予以限制；不应限制进餐中幼儿会出现用手抓饭菜的现象，否则会影响孩子的食欲。

（2）指导幼儿使用筷子的技巧：教幼儿学会辨认筷子头部的形状，圆形为筷子头，另一端方形为筷子的尾部，告诉幼儿用筷子的头部夹食物；指导幼儿将筷子头放在前面，手应抓拿筷子的中后部，筷子头应截齐；指导幼儿一只手扶碗，另一只手拿筷子，通常使用右手拿筷子，拿筷子时，右手同时握住两根筷子，两根筷子从大拇指和其余四指间穿过，外侧的一根筷子靠在食指和中指之间，内侧的一根筷子靠在无名指上，中指放在两根筷子的中间，大拇指搭在两根筷子的中间偏上部，靠中指和食指夹住上面的筷子，上下夹动。

5. 随机对幼儿开展膳食营养教育和进餐礼仪教育，允许幼儿自主选择喜欢的伙伴、座位进餐，允许幼儿自主选择安静的餐后活动。

6. 应与家长沟通，指导家长在家庭中提醒幼儿保持正确的进餐习惯。

四　注意事项

1. 做好餐前、餐后和进餐用具消毒、清理等工作，全体幼儿吃完餐点后，方可进行餐具、餐巾清洗消毒工作。

2. 了解全班幼儿进食量，分餐时要照顾有特殊需要的幼儿，保证幼儿充裕的就餐时间，进餐时间一般以 20～30 分钟为宜，进餐时不催促幼儿。

3. 饭前应安排幼儿进行室内较安静的活动。饭后不做剧烈运动。指导幼儿文明进餐，提醒幼儿餐后擦嘴、漱口和洗手。及时纠正幼儿不良的进餐习惯。

4. 注意进餐安全，保证食物温度适宜，做好防尘防蝇措施，容器的盖子或罩子关闭要严密是饭菜保洁保温应特别注意的事情。

5. 不与幼儿共进餐点，不用幼儿的餐点。

五 课后作业

在线做题

一、单项选择题

1. 幼儿运动后至少休息（   ）进食较为科学。

A. 10~20 分钟　　　　　　　　B. 30~40 分钟

C. 40~50 分钟　　　　　　　　D. 50~60 分钟

2. 保教人员教幼儿使用勺子时，应提醒幼儿（   ），以免泼洒。

A. 勺中饭越满越好　　　　　　B. 勺中饭越少越好

C. 平勺　　　　　　　　　　　D. 勺中饭不能太多

3. 增加幼儿进餐兴趣不适宜的做法是（   ）。

A. 逗弄幼儿使其高兴

B. 用猜谜的形式猜菜名

C. 用故事引导幼儿产生对某种食物的想象

D. 讲饭菜的营养和作用

4. 向幼儿介绍餐饭的方法是（   ）。

A. 用猜谜的形式猜菜名　　　　B. 讲与进餐无关的故事

C. 音乐　　　　　　　　　　　D. 画画

5. 值日生分发餐具的数量应为（   ）。

A. 一人两碗　　　　　　　　　B. 一人一碗一盘

C. 一人一盘　　　　　　　　　D. 一人一碗

6.（　　　）是饭菜保洁保温应特别注意的事情。

A. 容器的盖子或罩子关闭要严密　　　　B. 避免打翻、碰撒

C. 为了迅速散热不要加盖子　　　　　　D. 缩短送饭时间

7. 为了预防幼儿气管呛入异物，应注意不要让幼儿在（　　　）吃东西。

A. 饥饿时　　　　　　　　　　　　　　B. 进餐时

C. 哭闹时　　　　　　　　　　　　　　D. 安静时

8.（　　　）的进餐环境有助于幼儿食欲的产生。

A. 有陌生人参观　　　　　　　　　　　B. 边看动画片边吃饭

C. 有幼儿不喜欢的人在场　　　　　　　D. 安静、熟悉

二、简答题

1. 简述如何指导幼儿使用勺子。

2. 简述如何指导幼儿使用筷子。

活动环节七

如 厕

导入视频

学习目标

1. 能概述幼儿泌尿系统特点及幼儿排便规律等幼儿如厕基础知识。

2. 概述如厕环境及设施清洁消毒的规范操作要求并能说明如厕用品的内容与要求。

3. 掌握幼儿如厕时的保育要求。

幼儿如厕

如厕流程图

一 基础知识

1. 幼儿如厕前需准备的工作。

（1）清洁、不冰凉的便盆。

（2）温暖、安静、无异味的排便环境。

（3）清洁的卫生纸，为幼儿准备卫生纸时应将卷状卫生纸剪成20厘米长放在纸框。

2. 排便是一种条件反射，需要幼儿专心致志。保教人员要督促幼儿专心排便，排便时不能吃东西、看书、听故事或玩耍。幼儿在排便时吃东西或玩耍，会分散他的注意力，不利于排便反射的建立，而且，较长时间坐盆，还会造成幼儿肛门脱出和腿部、臀部的疲劳麻木，不利于幼儿的健康。幼儿在排大便前，常排出有臭味的气体，同时伴有身体用力的动作并发出使劲的声音，幼儿排小便前也会出现如打冷颤等反应，保教人员应注意观察，及时发现小年龄幼儿大小便的预兆，及时提醒或帮助小年龄幼儿脱掉裤子，坐盆排便排尿。

3. 掌握幼儿每次排便的时长，通常以5～10分钟为宜，时间不可超过15分钟。小班幼儿大小便结束后，保教人员应及时为他们擦拭干净，擦拭的方法是从前向后擦，擦拭的动作应轻柔，应擦一次换一张纸。无论小班幼儿是否成功排便，都应予以表扬

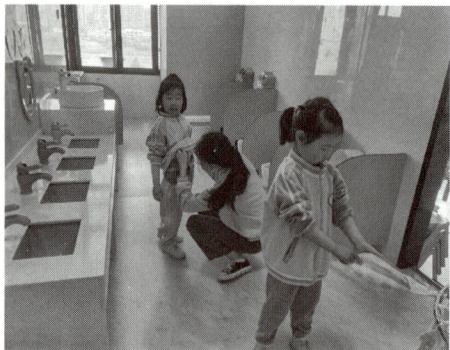

图8 如厕环节

或鼓励。

4. 排便后的工作（见图 8）。

（1）及时为小班幼儿穿上裤子。

（2）冲厕、洗手。保教人员在照顾小班幼儿大小便后应冲厕、洗手，同时，应督促中大班幼儿在大小便后冲厕、洗手。

5. 培养幼儿及时排尿的习惯。

（1）意识控制排尿的活动，需要大脑皮层成熟到一定程度才能完成，一般情况下，幼儿在 2～3 岁可以自行控制排尿，5 岁前偶尔遗尿属正常现象。保教人员唤醒遗尿幼儿的态度应温和、平静，为遗尿幼儿更换衣物和被褥的动作应该迅速熟练。

（2）幼儿排尿的规则是有尿就排，不要让幼儿长时间憋尿，憋尿容易发生泌尿道感染。在组织活动及睡觉之前均应提醒幼儿排尿，但注意不要太频繁地让幼儿排尿，否则会影响幼儿正常的贮尿功能而引起尿频。

（3）不要让幼儿长时间坐便盆，以免影响正常的排尿反射。

（4）对于有尿床习惯的幼儿，可采用渐进推测的方法，即根据幼儿摄取液体食物 20～40 分钟后排尿的规律判断幼儿尿床的时间，做好遗尿的防范工作。一旦发生尿床，应及时为幼儿更换内裤，切勿责怪惩罚幼儿。

（5）要注意提醒幼儿，不要渴急了才喝水，保证幼儿充足的饮水，可以减少泌尿系统感染。

二 工作内容

1. 备好便于幼儿取用的卫生纸、肥皂和消毒毛巾，督促幼儿便后擦拭屁股，并用流动水洗手。

2. 观察幼儿如厕情况，帮助有困难的幼儿擦便、整理服装，发现幼儿排便异常及时报告教师、保健医生，并与家长沟通。

3. 及时为遗便幼儿清洗身体、更换并清洗衣物。

4. 保持盥洗室整洁、通风、干爽、无污垢、无异味。

三 操作技巧

1. 保教人员要分工合作，保证幼儿如厕安全和有序进行。

2. 提醒幼儿按性别分开如厕。尊重幼儿的隐私，尽可能提供分隔、隐蔽的如厕空间。

3. 创设温馨的如厕环境，可以利用图片、照片、标识等提示幼儿如厕的步骤和注意事项等。

4. 可以随机地开展性别教育，增进幼儿保护身体私密部位的卫生及安全的意识。

5. 应与家长沟通，指导家长在家庭中提醒幼儿保持正确的如厕习惯。

四 注意事项

1. 幼儿如厕前保教人员要规范地进行厕所环境及设施清洁消毒，为幼儿创设清洁、干燥、安全、通风的如厕环境，提供方便取用、清洁卫生的如厕用品。

2. 保教人员需排除幼儿如厕时的危险因素，维护如厕活动的安全，根据季节、天气情况做好幼儿如厕的防暑降温及防寒保暖工作，培养各年龄幼儿的独立如厕能力。

3. 会辨别大小便异常并能处理，培养各年龄幼儿良好的如厕习惯，根据幼儿如厕的不同状况及身心发展的个体差异，做好如厕的个别教育工作

4. 幼儿如厕前后必须用肥皂洗手，幼儿盥洗时要维持好幼儿的秩序。

5. 注意观察幼儿大小便情况，如有异常要及时记录或向保健老师汇报，处理完幼儿的大小便后用肥皂洗手。

6. 处理遗尿注意事项：（1）保教人员唤醒幼儿排尿的声音要轻柔，应避免大声吵闹，以防影响周围幼儿的睡眠。同时，应尽量不引起未睡幼儿的关注，保护遗尿孩子的自尊心。（2）保教人员处理幼儿遗尿的态度要亲切、和蔼，不应表现出不耐烦、气愤、鄙视的态度，更不应大声批评幼儿。（3）保教人员更换被褥和帮助幼儿换掉湿衣服的速度要快，避免幼儿着凉。

五 课后作业

在线做题

一、单项选择题

1. 幼儿每次排便的时长宜为（　　　）。

A. 20 分钟   B. 15 分钟

C. 5～10 分钟   D. 1～5 分钟

2. 保育员可以采用（　　　）的方法判断幼儿尿床的时间。

A. 循序渐进   B. 渐进推测

C. 笼统推测   D. 倒推

3. 幼儿 5 岁后（　　　）为遗尿症。

A. 未形成排尿习惯   B. 无意识排尿

C. 已形成排尿习惯   D. 有意识排尿

4. 为幼儿准备卫生纸时，应先（　　　），方便幼儿使用。

A. 将卷状卫生纸放在幼儿背包

B. 将卷状卫生纸剪成 20 厘米长放在纸框

C. 抽取 2 张盒装卫生纸放在幼儿口袋

D. 抽取 5 张盒装卫生纸放在老师口袋

5. 幼儿排尿的规则是（　　　）。

A. 有尿就排，不憋尿   B. 进餐中不排尿

C. 集体活动中不排尿   D. 过渡环节可排尿

6. 一般情况下，幼儿在（　　　）可以自行控制排尿。

A. 1 岁   B. 2～3 岁

C. 4 岁   D. 5 岁

7. 唤醒遗尿幼儿的态度应（　　　）。

A. 生硬   B. 粗暴

C. 冷漠   D. 温和、平静

8. 为遗尿幼儿更换衣物和被褥的动作应该（　　　）。

A. 声音大   B. 磨蹭

C. 不熟练   D. 迅速熟练

9. 幼儿对排尿的控制需要（　　　）。

A. 大脑皮层的成熟　　　　　　　B. 健康

C. 新陈代谢　　　　　　　　　　D. 膀胱的成熟

10. 幼儿每次排便的时间不可以超过（　　　）。

A. 5 分钟　　　　　　　　　　　B. 15 分钟

C. 20 分钟　　　　　　　　　　D. 30 分钟

二、简答题

1. 简述处理遗尿的注意事项。

2. 如何培养幼儿及时排尿的习惯?

活动环节八

午 睡

学习目标

1. 掌握各年龄段幼儿的标准睡眠时间，了解充足的睡眠对于幼儿生长发育的重要意义；概述幼儿神经系统的特点；掌握幼儿睡眠的保育任务。

2. 能解释幼儿睡眠前的身心准备和环境准备及其原理，说明幼儿睡前卧室、寝具准备的规范操作和卧具清洁、消毒、保管的规范操作等。

3. 说出幼儿睡眠时的保育要求，能列举幼儿睡眠时常见的危险因素及其危害，记住穿脱衣服的程序和要求，说明幼儿遗尿、惊哭等发生的原因和预防方法，辨别幼儿错误的睡眠姿势等。

4. 保教人员能说出整理睡眠室、寝具的程序和要求。

导入视频

午休

纠正睡姿：
跪着睡

纠正睡姿：
缩着睡

纠正睡姿：
蒙头睡

纠正睡姿：
咬物睡

一 基础知识

1. 幼儿睡眠前准备工作包括：

（1）创设整洁、安静、光线温度适宜、美观舒适的卧室环境（包括铺床），播放音乐或讲故事让幼儿情绪平静。

（2）对幼儿进行午检。

（3）根据幼儿的个体差异模拟摆放合适的睡眠床位置。

（4）根据季节、天气情况模拟做好卧室的防暑降温和防寒保暖工作。

2. 幼儿睡眠时的保育要求。

（1）发现并排除幼儿睡眠时的危险因素，注意幼儿睡眠活动的安全，正确组织幼儿睡眠，让年龄小、动作慢的幼儿先上床。

（2）指导小班幼儿认识自己的寝具、衣服，脱掉衣服。

（3）对惊哭儿、体弱儿、尿床儿、好动儿要采取不同的保育措施。

（4）每隔 2～3 小时唤醒幼儿排尿以防遗尿。

（5）培养各年龄段幼儿安静入睡、快速入睡和独立入睡等良好的睡眠习惯。

3. 幼儿睡眠后保育工作，包括指导幼儿自上而下穿衣服，教中、大班幼儿折叠被子等。顺序：穿衣—翻被晾被—叠被。应对睡眠环境物品进行整理、保洁。穿衣工作要点如下：

（1）指导幼儿穿衣服技巧：先将头钻入领口，再将衣服正面转到胸前，找到两只袖子，并一一穿上。

（2）指导幼儿穿裤子技巧：先辨别前后，然后双手提好裤腰，先伸一条腿，再伸另一条腿，提裤子，最后将内衣塞进裤子里。

4. 幼儿正确的睡眠姿势是仰卧和右侧卧。

5. 幼儿每天睡 11～12 小时，其中午睡一般应达到 2 小时左右。午睡时间可根据幼儿的年龄、季节的变化和个体差异适当减少。

二 工作内容

1. 午睡前放好窗帘，适当开窗，保持室内空气流通。

2. 要提醒幼儿排尿，不要让幼儿情绪太激动，指导或帮助幼儿有序地脱放鞋袜、衣裤。

3. 帮助入睡难的幼儿尽快入睡（见图9），上床半小时后幼儿入睡率应在90% 以上。

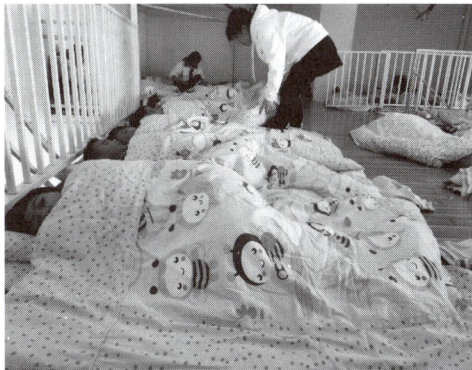

图 9　午睡

4. 每半小时全面巡视一次，重点观察身体不适的幼儿，发现异常情况及时处理并报告，每日做好值班记录。

5. 轻声提醒常尿床的幼儿起床如厕，发现幼儿尿床要及时换洗床单、晾晒被褥。

三 操作技巧

1. 要做好班务日志和交接班记录，清点当日到班幼儿人数并签名。

2. 要注重观察并记录幼儿睡眠时的健康状况，发现问题及时处理。

3. 要重视幼儿生活自理能力的培养，结合幼儿的年龄特点，有针对性地进行指导。如：小班重在指导穿脱衣服，中班重在指导系鞋带，大班重在整理床铺等。

4. 要注意培养幼儿正确睡眠姿势，幼儿睡眠姿势异常预示着生理和行为异常，如蒙头睡预示幼儿无法入睡，缩成一团睡预示幼儿遗尿或感冒发热。在改变幼儿不良睡姿时，应做到动作轻柔，避免弄醒幼儿。

5. 要多与家长沟通，了解并尊重幼儿的睡眠习惯，为少眠的幼儿提供安静的活动空间和材料，指导家长在家庭中提醒幼儿保持正确的睡眠习惯。

四 注意事项

1. 饭后宜轻微活动，不宜立即午睡，最好组织幼儿散步 15～20 分钟再入睡。

2. 睡前让幼儿安静，营造入睡环境，不做剧烈运动，不讲有悬念、刺激的故事。

3. 起床时间保教三人应一起配合指导，教室内、教室外、寝室均有一位教师指导。

4. 冬天起床要先穿衣服，后折叠被子，预防幼儿着凉。

5. 午休值班不离岗、不做私事、不睡觉。

五 课后作业

在线做题

一、单项选择题

1. (　　) 是幼儿午睡前不应该出现的行为。

A. 玩玩具　　　　　　　　　　B. 和小朋友一起猜谜语

C. 听恐怖的故事　　　　　　　D. 和老师一起散步

2. 睡眠前保教人员应 (　　)。

A. 提醒幼儿排尿　　　　　　　B. 组织幼儿游戏

C. 批评幼儿　　　　　　　　　D. 为幼儿讲有悬念的故事

3. 幼儿睡眠的正确姿势是（　　　）。

A. 右侧卧　　　　　　　　　　B. 蒙头睡

C. 跪卧　　　　　　　　　　　D. 趴卧

4. 为了防止幼儿遗尿，保育员应每隔（　　　）唤醒幼儿排尿。

A. 30 分钟　　　　　　　　　　B. 1 小时

C. 2~3 小时　　　　　　　　　D. 4 小时

5. 某中班幼儿午睡尿床，属于（　　　）。

A. 正常　　　　　　　　　　　B. 遗尿症

C. 发育成熟　　　　　　　　　D. 病态

6. 冬季要引导幼儿（　　　）有序穿衣服。

A. 自小而大　　　　　　　　　B. 自大而小

C. 自下而上　　　　　　　　　D. 自上而下

7. 叠被与穿衣、晾被的先后顺序应该为（　　　）。

A. 穿衣—叠被　　　　　　　　B. 穿衣—翻被晾被—叠被

C. 翻被、晾被—穿衣—叠被　　D. 翻被、晾被—叠被—穿衣

8. 培养幼儿良好的睡眠习惯的主要内容是培养孩子（　　　）、快速入睡和独立入睡等。

A. 安静入睡　　　　　　　　　B. 正确的睡姿

C. 关灯入睡　　　　　　　　　D. 睡前盥洗

9. 保教人员正确的睡眠组织行为是（　　　）。

A. 让幼儿同时脱衣上床　　　　B. 让年龄小、动作慢的幼儿先上床

C. 让不喜欢睡午觉的早上床　　D. 让年龄小、动作慢的幼儿后上床

10. 指导幼儿穿裤子前应先（　　　）。

A. 分辨前后　　　　　　　　　B. 双手提裤腰

C. 将腿伸入裤腿　　　　　　　D. 穿鞋

二、简答题

1. 简述培养幼儿正确睡眠姿势的注意事项。

2. 简述如何指导幼儿穿裤子。

活动环节九

游戏活动

学习目标

1. 懂得幼儿园游戏类型、游戏的价值、游戏组织方法。

2. 掌握一定数量的游戏玩法。

导入视频

建构游戏　　体育游戏

一　基础知识

1. 游戏是儿童内部存在的自我活动的表现，是一切未来生活的胚芽；游戏是无目的地释放多余精力的活动；游戏活动的意义在于游戏本身，而不是有意识地注意活动的结果；游戏是儿童社会性实践的结果；游戏是个体把外界信息纳入原有认知图式的一种活动。

2.《3—6岁儿童学习与发展指南》中指出：“幼儿的学习是以直接经验为基础，在游戏和日常生活中进行的。要珍视游戏和生活的独特价值，创设丰富的教育环境，合理安排一日生活，最大限度地支持和满足幼儿通过直接感知、实际操作和亲身体验获取经验的需要。”教师在重视游戏对幼儿成长价值的同时，也要注重幼儿对游戏的兴趣以及游戏材料投放的适宜性等多方面的因素，充分尊重幼儿自主选择游戏内容和材料的权利，每天应保证有一定的自选活动时间。

3. 要根据幼儿的发展需求和年龄特点，提供数量充足、种类丰富、功能各异的材料，让幼儿自由选择。同时，也要注意材料的及时更新和调整，鼓励幼儿一物多玩，创新游戏的内容和形式。

4. 游戏的结构包括游戏主题、游戏规则、游戏角色、游戏情节、游戏材料、游戏场地、游戏时间、教师指导都会影响游戏。游戏能促进幼儿身体、想象力、认知和社会性的发展。

5. 幼儿园三大创造性游戏：

（1）角色游戏是学前儿童按照自己的意愿，以模仿和想象，借助真实或可替代的材料，通过扮演角色，用语言、动作、表情等，创造性地再现周围社会生活的游戏。

（2）建构游戏是儿童利用积木、积塑、竹制材料、金属材料、泥巴、沙、雪等材料，通过手的创作活动来反映现实生活的游戏。

（3）表演游戏是幼儿以文学作品或生活经验为蓝本，通过想象、即兴创作或自编"剧本"，运用动作、语言和表情扮演角色，再现文艺作品或生活内容的一种创造性意愿游戏。

二　工作内容

1. 协助教师做好游戏材料、场地等准备工作，参与指导幼儿游戏。
2. 游戏结束时协助幼儿收拾、整理游戏材料。

三　操作技巧

1. 要关注不同类型游戏活动的教育价值，各类游戏安排应均衡、科学、合理、有序，将教育目标渗透到其中。要就游戏的内容和指导原则与教师、家长相互沟通，达成共识并保持指导的一致性。

2. 指导游戏时要强调技巧和方法，保护幼儿游戏的主体性，增进幼儿的愉快体验和成就感（见图10）。应尽可能地给予幼儿更多的自主选择、自主活动的空间和时间，让幼儿学会自我管理、自主发展。根据幼儿对游戏熟悉的程度，应允许并鼓励幼儿创新游戏的主题和玩法。关注幼儿的个体差异，对能力较弱和较强的幼儿提供适宜的个别指导。

3. 强化幼儿的安全意识，对易发生危险的地方重点防范，分工明确，各负其责，保证每名幼儿都在成人视线范围内活动，确保幼儿安全。

4. 要随机渗透轮流、分享和合作

图10　游戏活动

的教育。装盛玩具的盘子要有与玩具柜对应的标志，提醒幼儿观察标志并对应取放玩具。培养幼儿物归原处、整理玩具等良好习惯。

5. 保教人员指导游戏活动的工作程序：

（1）做好前期教学工作。

（2）明确不同种类活动的目标、内容和指导要求。

（3）教学过程中要根据幼儿不同情况和教师的不同要求，采取灵活的方式，发现问题及时汇报，保证活动顺利进行。

四 注意事项

1. 要充分尊重幼儿游戏的自主权，为幼儿营造安全、温馨、自由的氛围，认真观察幼儿的游戏，了解幼儿游戏的真实情况，确保幼儿每天都有自主游戏活动的时间、空间及材料。投放的游戏材料应数量充足、有层次，操作性和可变性强，并根据幼儿的兴趣、能力和教育目标适时进行调整和更新，为幼儿顺利开展游戏提供支持。

2. 要关注幼儿游戏水平的差异，及时回应幼儿的不同需求，不断提高幼儿游戏水平。自主游戏应以间接指导为主，着重个别指导。要鼓励幼儿与材料、幼儿与教师、幼儿与幼儿之间充分积极的互动，促进幼儿全方位发展。

3. 保教人员之间应加强沟通，合理分工，让幼儿安全、快乐地游戏。要做好观察记录，认真反思、分析、解决自主游戏指导过程中出现的问题，不断提升游戏指导的专业性。

4. 保教人员参加游戏活动时应注意的事项：

（1）保教人员要树立正确的角色意识，把参与教育幼儿的活动看成是自己必须做好的工作；高度重视在参与幼儿活动的过程中对幼儿的随机教育，促进幼儿的发展。

（2）保教人员在参与幼儿活动时，不要急于干涉幼儿的活动，要善于观察幼儿的活动情况，把握好介入幼儿活动的时机，做出适时、适当的指导。

（3）注意与教师和家长的沟通，对教育问题达成共识，对幼儿提出一致的教育要求。

五 课后作业

在线做题

一、单项选择题

1. 指导学前儿童的自由游戏时，应做到尊重儿童游戏的自主性，认真观察儿童的游戏，了解儿童游戏的真实情况，（　　　）。

 A. 为孩子顺利开展游戏提供支持   B. 精心设计和选择游戏

 C. 激发游戏的情绪   D. 保证游戏的时间

2. 游戏的结构包括（　　　）。

 A. 游戏主题、游戏规则、游戏角色、游戏情节

 B. 游戏主题、游戏场地、游戏角色、游戏情节

 C. 游戏主题、游戏规则、游戏时间、游戏情节

 D. 游戏主题、游戏规则、游戏角色、游戏指导

3. 在幼儿与同伴进行的游戏中，社会性交往水平最高的是（　　　）。

 A. 合作游戏   B. 平行游戏

 C. 单独游戏   D. 区域游戏

4. 下列属于角色游戏的是（　　　）。

 A. 过家家   B. 玩沙水

 C. 跳绳   D. 跳房子

5. 保教人员在参与幼儿活动时，不要急于干涉幼儿的活动，要（　　　），把握好介入幼儿活动的时机，做出适时、适当的指导。

 A. 通过扮演角色   B. 观察幼儿的活动情况

 C. 了解孩子游戏的情节   D. 做好场地、设备的准备

6. 幼儿喜欢游戏的原因很多，这是由幼儿身心发展的特点和（　　　）两方面决定的。

 A. 幼儿的知识经验   B. 教师的教育特点

 C. 游戏本身的特点   D. 幼儿的发展水平

7. （　　　）是幼儿可以按自己的意愿进行的一种创造性想象的活动，其内容主要反映社会生活。

 A. 建构游戏   B. 表演游戏

 C. 教学游戏   D. 角色游戏

8. 儿童利用积木、积塑、竹制材料、金属材料、泥巴、沙、雪等材料，通过手的创作活动来反映现实生活的游戏是（　　　　）游戏。

A. 儿童　　　　　　　　　　　B. 规则

C. 建构　　　　　　　　　　　D. 积木

二、简答题

1. 简述保教人员参加游戏活动时应注意的事项。

2. 简述保教人员参与游戏活动的工作程序。

活动环节十

离　园

☀ 学习目标 ⋯⋯⋯⋯⋯⋯⋯⋯⋯⋯⋯⋯⋯⋯⋯⋯⋯⋯⋯⋯⋯

1. 能列举幼儿离园活动的内容，说出离园活动后对环境设施清洁、消毒的规范操作要求。

2. 理解热情接待家长并与家长有效沟通的作用、内容与方法，列举幼儿离园时所应携带的物品，掌握班内电器清洁保管的要求。

3. 能够说出离园活动注意事项。

一 基础知识

1. 幼儿离园时间一般为 16:30—17:00。

2. 离园环节时对幼儿的常规要求：幼儿能保持一种稳定、愉悦的情绪等待家长来接；乐于自己整理仪表，喜欢干净和整洁，愿意学习管理自己的物品，并能有顺序地整理和摆放；能参加简单有趣的离园游戏，进行简单安静的桌面操作活动并遵守规则；愿意尝试解决自主交往中的问题和冲突，与同伴友好相处，会将玩具、材料、自己的椅子等收放整齐、归位，保持环境的整洁和有序；家长来接时，幼儿能摆放好自己的生活用品和玩具，能找到自己的物品，能整理好自己的着装和物品，不将同伴或班级的东西带走；在成人提醒下幼儿能主动向老师、同伴道别，约好明天愉快地来园；能跟随家人离园，不独自离园，不跟陌生人走，有安全意识；能向家长简单交流自己当日在幼儿园的生活及活动情况。

3. 保教人员组织幼儿离园的行为细则包括：稳定幼儿情绪，组织开展较安静的活动；与幼儿简短谈话，检查着装，提醒幼儿带好回家的物品；确认幼儿家长身份，有针对性地与个别家长沟通，关注生病、情绪异常等幼儿的交接；提醒幼儿有礼貌地与老师、同伴告别；将个别留园幼儿送交值班人员；做好交接班记录；整理活动室的物品。

4. 要加强门卫管理，完善接送制度，预防幼儿走失。幼儿走失可能是因为保教人员不负责任，心中无数，在拥挤的情况下丢失了幼儿，也可能是因为幼儿长期不适应幼儿园生活，或特别依恋父母，所以出走回家。

二 工作内容

1. 协助教师做好幼儿离园的准备工作，为幼儿整理离园携带物品，清洁面容，整理衣服裤子，培养幼儿礼貌告别的习惯，热情接待家长，与家长进行有效沟通（见图11）。

2. 幼儿全部离开班级后及时收拾物品，整理清洁活动室，清洁用具及时清洗、消毒、晾挂，对寝室和活动室进行消毒。

3. 做好规定的消毒工作，关好门窗、水电。

图 11　离园

三 操作技巧

1. 他人替接幼儿时，要与家长确认，严禁把幼儿交给陌生人。

2. 对有特殊需要的幼儿，应与保健医生和家长及时交流幼儿情况。

3. 应该允许幼儿在离园前自由选择游戏伙伴和游戏内容进行活动。

4. 可以鼓励幼儿在离园前参与整理班级物品的活动，渗透热爱劳动和为集体服务的教育。

5. 可以随机开展礼貌教育和关心长辈的教育。

四　注意事项

1. 离园时间三位教师应共同做好离园工作，保教人员必须待幼儿离园人数剩三分之一后，才能进行班级卫生整理。

2. 17:00后，班级剩一名幼儿时保教人员才能与值班教师交接。

五　课后作业

在线做题

一、单项选择题

1. 幼儿园中幼儿走失可能是因为（　　）不负责任，心中无数，在拥挤的情况下丢失了幼儿。

　　A. 保教人员　　　　　　　　B. 幼儿

　　C. 祖父母　　　　　　　　　D. 厨师

2. 幼儿走失可能是因为长期不适应幼儿园生活，或特别依恋（　　），所以出走回家。

　　A. 偶像　　　　　　　　　　B. 教师

　　C. 父母　　　　　　　　　　D. 歌星

3. 为了预防幼儿走失，应做到了解幼儿的想法，寻找原因，对幼儿进行（　　）教育。

　　A. 惩罚　　　　　　　　　　B. 正面

　　C. 军事　　　　　　　　　　D. 斯巴达式

4. 组织幼儿离园活动时保教人员不正确的做法是（　　）。

　　A. 稳定幼儿情绪

　　B. 提醒幼儿有礼貌地与老师、同伴告别

　　C. 检查着装，提醒幼儿带好回家的物品

　　D. 拖地板

5. 他人替接幼儿时，保教人员要（   ）。

A. 查看接送卡，凭卡接送

B. 询问幼儿，认识的就让接走

C. 幼儿没有拒绝就让接走

D. 打电话与家长确认无误方可接走

6. 幼儿接走后，保教人员必须要（   ）。

A. 收拾物品、整理清洁消毒活动室

B. 立刻收拾个人物品下班

C. 制作教玩具

D. 帮教师打印教案

二、简答题

1. 简述离园环节的行为细则。

2. 简述离园环节保教人员的工作内容。

第二部分

实操训练

一 活动案例分析

案例一

幼儿园在进行体检，保育员小王老师领着几个孩子到保健室。看到保健医生很忙，小王老师就自告奋勇地对医生说："我来帮忙做吧，看我做得对不对？""小明快脱鞋，站到秤的中间，抬起头，眼睛看着我的手，行了，身高112厘米，体重24公斤。"

指出案例中保育员行为的正误，并说明幼儿身高体重的正确测量方法。

案例分析

（1）保育员正确的行为：让幼儿站在秤的中间。

（2）保育员错误的行为：

① 不应要求孩子抬头，仰视。

② 没有扣除衣服的重量。

（3）正确做法：

① 注意室温，避免对流风。

② 脱外衣裤、鞋或扣除重量。

③ 背靠测量仪。

④ 双眼平视前方。

⑤ 站在秤的中间，脚跟并拢。躯干自然提立，两臂下垂。

案例二

小太阳幼儿园是一所寄宿制幼儿园。星期一早上，保育员黄老师第一个到班，她开了门后，想到幼儿快回园了，就取来抹布，在活动室抹桌椅、玩具柜，然后从寝室至活动室边开窗边抹窗框、窗台，最后拖洗活动室、寝室的地面，摆放桌椅。

请问：（1）保育员的做法是否正确？错在哪里？

（2）如果是你，该如何操作？

（3）保育员应根据哪些具体情况开窗通风？

案例分析

（1）保育员的做法不正确，清洁的顺序错了。

（2）正确的清洁顺序应为：开窗通风→抹窗框、窗台→抹玩具柜、桌椅→抹床栏→拖地→摆放桌椅。

（3）保育员应根据具体情况开窗通风，保持空气新鲜，具体要求如下：

① 保育员应能够根据季节、气温、风力的大小决定开窗通风的时间、打开窗子的数量以及开窗的大小。

② 保育员应根据房间的性质决定开窗的时间。

案例三

冬冬家长对老师说："冬冬耳朵上起了个疱，请老师帮忙喂药搽药。"保育员许老师上前接过袋子，打开看了看，是一包药片和一支药膏，就顺手把整袋药放在玩具柜上，然后又去接待其他小朋友了。

分析案例中保育员做法的正误，并谈谈保育员应如何保管药物。

案例分析

（1）案例中保育员有三处错误：

① 没有作用药登记；

② 没有分放内服药、外用药；

③ 把药放在幼儿随手拿得到的地方。

（2）正确做法：

① 应核对药物，并认真登记姓名、药名、用法、用量；

② 药品要放在固定的位置（如药柜）使幼儿拿不到；

③ 妥善保管药物，内外药分隔放置。

二 操作视频分析

案例一

观看案例视频三遍，回答保育员在晨间饮水环节中出现的全部工作失误并说明正确做法。

（1）工作失误1：开水太烫。

正确做法：应为幼儿准备温度适宜的开水。

（2）工作失误2：幼儿把开水倒掉，保育员没有进行指导教育。

正确做法：保育员要提醒幼儿喝水，每次尽可能喝足量的水，培养幼儿良好的饮水习惯。

（3）工作失误3：保育员对喝水组织的方式不对。

正确做法：保育员应组织幼儿先洗手，再拿杯子喝水，接半杯水，喝完再接。

案例二

观看案例视频三遍，指出保育员在配合户外教育活动环节中出现的工作失误并说明正确做法。

（1）工作失误1：天气炎热，对于特殊儿童（肥胖儿）强迫训练跑步。

正确做法：对于肥胖儿的干预要循序渐进，不能过度训练。

（2）工作失误2：游戏中幼儿满头大汗，保育员没有关注活动量。

正确做法：天气炎热，幼儿户外活动安排要动静交替，避免中暑。保育员要关注幼儿活动量，避免过度锻炼。

（3）工作失误3：没给幼儿擦汗或提示休息。

正确做法：保育员应及时提示幼儿休息，给幼儿擦汗。

案例三

　　观看案例视频三遍，回答保育员在协助幼儿区域活动环节中出现的工作失误并说明正确做法。

案例视频

　　（1）工作失误1：游戏中幼儿发现问题和保育员交流，但是保育员没有引导，没有支持，忽略了对幼儿的教育契机。

　　正确做法：游戏中幼儿发现问题和保育员交流，应要抓住教育契机积极引导、支持。

　　（2）工作失误2：幼儿相互打闹，保育员没有给予必要关注。

　　正确做法：关注幼儿的游戏过程，当幼儿发生冲突或行为问题时应给予关注，适时介入。

　　（3）工作失误3：收拾活动区时缺乏观察指导，幼儿没有完全收好玩具，地上有杂物。

　　正确做法：收拾活动区时要注意观察指导幼儿将玩具收放整齐。

　　（4）工作失误4：没有要求幼儿收椅子，也没检查。

　　正确做法：对于幼儿所做的事要清楚地提要求，并及时关注和检查。

第三部分

保育员职业资格证书考试模拟卷

一 理论模拟试卷 1

在线做题

一、单项选择题

1. 职业是（　　），并以此为生的具有特定职责的专门性活动。

A. 人们所从事的　　　　　　　　　　B. 人们在社会中所从事的

C. 劳动者所从事的　　　　　　　　　　D. 人们在劳动场所从事的

2. 保育员对幼儿的爱与家长的爱不同，保育员的爱有更多的（　　）。

A. 信任　　　　　　　　　　　　　　　B. 尊重

C. 教育　　　　　　　　　　　　　　　D. 理智

3. 保教人员应把（　　）完美地结合起来，以身作则，行为示范。

A. 知识与能力　　　　　　　　　　　　B. 态度与能力

C. 言传与身教　　　　　　　　　　　　D. 动机与行为

4. 保育员要爱岗敬业，这要求保育员在幼儿园（　　）。

A. 直观形象地进行集体教育

B. 只做好保育员的工作

C. 既关爱幼儿又全心投入工作

D. 把个人所有的精力投入到工作中来

5. 保育员积极配合教师组织集体教育活动，准备丰富的活动环境，体现了保育员职业守则中（　　）的要求。

A. 尊重幼儿与家长　　　　　　　　　　B. 尊重教师群体

C. 工作中为人师表　　　　　　　　　　D. 尊重热爱幼儿

6. 保育员要（　　），恰当有效地选择教学方式和方法，直观形象地展示教学内容。

A. 做好幼儿教育工作　　　　　　　　　B. 熟练掌握现代教育技术

C. 为人师表，遵纪守法　　　　　　　　D. 积极进取，开拓创新

7.《学生伤害事故处理办法》第38条规定幼儿园发生的伤害事故，应当根据（　　）为完全无行为能力人的特点，参照本办法处理。

A. 小学生　　　　　　　　　　　　　　B. 幼儿

C. 初中生　　　　　　　　　　　　　　D. 高中生

8.（　　）的发展是幼儿创造性思维发展的核心。

A. 记忆　　　　　　　　　　　　　　　B. 直观行动思维

C. 具体形象思维　　　　　　　　　　　D. 想象

9. 能够集中反映个体心理面貌独特性的是个性的（　　　）。

A. 调节系统　　　　　　　　　　B. 倾向性

C. 心理特征　　　　　　　　　　D. 能动性

10.（　　　）是指父母与子女的相互作用方式，即父母的教养态度与方式。

A. 广义的亲子关系　　　　　　　B. 狭义的亲子关系

C. 依恋方式　　　　　　　　　　D. 家庭成员互动方式

11. 幼儿园的教育目标应该划分层次，最高层是（　　　）。

A.《幼儿园工作规程》规定的幼儿园的任务

B. 我国的教育目的

C. 教育方针

D. 社会发展的目标

12.（　　　）容易引起幼儿感冒。

A. 在冷空气中玩耍　　　　　　　B. 在阳光下玩耍

C. 游泳　　　　　　　　　　　　D. 天冷时，让孩子们在室内玩耍

13. 纠正幼儿吃手的正确方法是（　　　）。

A. 涂抹紫药水　　　　　　　　　B. 转移注意力

C. 涂抹黄连　　　　　　　　　　D. 缠绕手指

14. 婴儿生理性流涎的养护方法是（　　　）。

A. 戴围嘴

B. 戴围嘴，让涎水自由流下

C. 戴围嘴，并用纸擦

D. 戴围嘴，并用软纱布或软毛巾吸干擦拭

15. 一般情况下，幼儿在（　　　）时可以自行控制排尿。

A. 1 岁　　　　　　　　　　　　B. 2～3 岁

C. 4 岁　　　　　　　　　　　　D. 5 岁

16. 唤醒遗尿幼儿的态度应（　　　）。

A. 生硬　　　　　　　　　　　　B. 粗暴

C. 冷漠　　　　　　　　　　　　D. 温和、平静

17.（　　　）是指未满 18 周岁的公民。

A. 未成年人　　　　　　　　　　B. 成年人

C. 青年　　　　　　　　　　　　D. 青少年

18. 缺乏（　　　）易患坏血病。

A. 维生素 A
B. 维生素 B1

C. 维生素 D
D. 维生素 C

19. 治疗弱视的最佳时间是（　　　）。

A. 1～3 岁
B. 3～6 岁

C. 5～9 岁
D. 10 岁以后

20. 幼儿好动不好静是因为（　　　）。

A. 大脑皮层容易兴奋，容易抑制
B. 大脑皮层容易激动

C. 大脑皮层容易兴奋，不容易抑制
D. 大脑皮层容易疲劳

21. 每日清洁纱窗需做到（　　　）。

A. 清扫，使之无尘土
B. 清水泼湿，使之无尘土

C. 不要碰触以免落灰尘
D. 用掸子拍打，使之无尘土

22. 幼儿学习用勺子喂自己吃饭的过程中，保育员可以（　　　）。

A. 袖手旁观
B. 用另一把小勺喂幼儿

C. 检查幼儿不要把饭撒在衣服上
D. 纠正幼儿不正确的行为

23. 保育员教幼儿使用勺子时，应提醒幼儿（　　　），以免泼洒。

A. 勺中饭越满越好
B. 勺中饭越少越好

C. 平勺
D. 勺中饭不能太多

24. 配制消毒剂，以药物商品剂型为百分之百的基数配制的公式：（　　　）。

A. 欲配制浓度 × 欲配制数量＝所需药物量；欲配制数量－所需药物量＝加水量

B. 欲配制浓度 / 欲配制数量＝所需药物量；欲配制数量＋所需药物量＝加水量

C. 欲配制浓度＋欲配制数量＝所需药物量；欲配制数量－所需药物量＝加水量

D. 欲配制浓度－欲配制数量＝所需药物量；欲配制数量＋所需药物量＝加水量

25. 采用蒸汽法消毒食具、水杯、毛巾、餐巾，需要（　　　）。

A. 5～10 分钟
B. 10～15 分钟

C. 15～30 分钟
D. 30～45 分钟

26. 餐具、毛巾、瓜果蔬菜可使用浓度为（　　　）来进行消毒。

A. 0.2%～0.5% 的 84 消毒液浸泡
B. 0.2% 的过氧乙酸擦拭

C. 10% 的漂白粉溶液擦拭
D. 2%～5% 的 84 消毒液擦拭

27. 称重时，迅速调正游锤至杠杆正中水平，准确记录显示的刻度数，以（　　　）。

A. kg 为单位，保留一位小数
B. kg 为单位，保留两位小数

C. g 为单位，保留一位小数
D. g 为单位，保留两位小数

28. 保育员在参与幼儿活动时，不要急于干涉幼儿的活动，要（　　　），把握好介入幼儿活动的时机，做出适时、适当的指导。

　　A. 通过扮演角色　　　　　　　　　　B. 观察幼儿的活动情况

　　C. 了解幼儿游戏的情节　　　　　　　D. 做好场地、设备的准备

29. 晨检后，首先帮助和指导幼儿（　　　）。

　　A. 将外衣叠放整齐　　　　　　　　　B. 洗手洗脸和漱口

　　C. 吃早饭　　　　　　　　　　　　　D. 到游戏区

30. 幼儿口语表达能力的发展趋势是（　　　）。

　　A. 先有对话言语和独白言语，后有情景言语和连贯言语

　　B. 先有对话言语和连贯言语，后有情景言语和独白言语

　　C. 先有对话言语和情景言语，后有独白言语和连贯言语

　　D. 先有情景言语和独白言语，后有对话言语和连贯言语

31. 心理健康的幼儿在个性方面常表现出（　　　）。

　　A. 活泼开朗、乐观、胆怯　　　　　　B. 活泼开朗、乐观、冷漠

　　C. 活泼开朗、乐观、自信　　　　　　D. 活泼开朗、乐观、孤僻

32. 我国幼儿园保育与教育的总目标是："对幼儿实施体、智、德、美诸方面全面发展的教育，促进其（　　　）。"

　　A. 整个儿童发展　　　　　　　　　　B. 身心和谐发展

　　C. 身心发展　　　　　　　　　　　　D. 和谐发展

33. 以物代物、一物多用是孩子们在游戏中经常使用的（　　　）。

　　A. 假想手段　　　　　　　　　　　　B. 游戏规则

　　C. 思考手段　　　　　　　　　　　　D. 交往方式

34. 幼儿走失可能是因为长期不适应幼儿园生活，或特别依恋（　　　），所以出走回家。

　　A. 偶像　　　　　　　　　　　　　　B. 教师

　　C. 父母　　　　　　　　　　　　　　D. 歌星

35. 给饭菜保温要特别注意（　　　）。

　　A. 容器的盖子任何时候都要关闭严密

　　B. 给容器加盖、缩短送饭时间

　　C. 为了迅速散热不要加盖子

　　D. 给饭菜加网罩

36. 使用筷子时，外侧的筷子应靠在（　　　）。

A. 食指与拇指之间　　　　　　　　　B. 无名指与中指之间

C. 小指与无名指之间　　　　　　　　D. 食指与中指之间

37. 正确的咀嚼方法是（　　　）。

A. 细嚼慢咽　　　　　　　　　　　　B. 切牙咀嚼

C. 囫囵吞枣　　　　　　　　　　　　D. 单侧咀嚼

38. 正确的自取食物的方法是（　　　）。

A. 每次盛的食物不能太满

B. 一边吃一边看着别人

C. 自己喜欢吃的就多拿一份"占着"

D. 一口未咽下，就吃另一口

39. 幼儿园应制定合理的幼儿一日生活作息制度。两餐间隔时间不得少于三个半小时。幼儿户外活动的时间在正常情况下，每天不得少于（　　　），寄宿制幼儿园不得少于三个小时，高寒、高温地区可酌情增减。

A. 一个小时　　　　　　　　　　　　B. 一个半小时

C. 两个小时　　　　　　　　　　　　D. 五个小时

40. 幼儿用盐水漱口时保教人员需要（　　　）。

A. 视情况而定　　　　　　　　　　　B. 监督幼儿认真漱口

C. 随幼儿来园的早晚来要求　　　　　D. 随幼儿有无吃早饭来要求

41. 我们可以摸到的淋巴结群分布在（　　　）等处。

A. 眼部、颈部　　　　　　　　　　　B. 太阳穴、手腕

C. 颈部、腋窝　　　　　　　　　　　D. 腹股沟、臀部

42. （　　　）、饮食的调整、作息时间的改变和生活环境的变化等因素，都有可能使体弱儿感到不舒服甚至生病。

A. 校外活动　　　　　　　　　　　　B. 衣服的款式

C. 家长的批评　　　　　　　　　　　D. 天气的变化

43. 学前儿童的（　　　），其游戏的内容也就越丰富。

A. 生活经验越丰富　　　　　　　　　B. 年龄越大

C. 游戏时间越长　　　　　　　　　　D. 游戏人数越多

44. （　　　）有利于幼儿神经系统的发育。

A. 噪声　　　　　　　　　　　　　　B. 环境纯净、少污染

C. 高温　　　　　　　　　　　　　　D. 通风不良

45. 造成婴儿吃手的原因是（　　　）。

A. 养育者悉心照顾婴儿　　　　　　　B. 养育者及时喂哺婴儿

C. 婴儿的生活刺激丰富　　　　　　　D. 婴儿的生活缺少刺激

46. 为遗尿幼儿更换衣物和被褥时，最不应该做的是（　　　）。

A. 安静　　　　　　　　　　　　　　B. 迅速

C. 吸引其他幼儿的注意　　　　　　　D. 安慰遗尿幼儿

47. 值日生分发餐具的数量应为（　　　）。

A. 一人两碗　　　　　　　　　　　　B. 一人一碗一盘

C. 一人一盘　　　　　　　　　　　　D. 一人一碗

48. 保育员对幼儿盥洗的指导应该（　　　）。

A. 集中指出错误　　　　　　　　　　B. 一次练习

C. 让幼儿认真看　　　　　　　　　　D. 反复练习

49. 训练小幼儿独自吃饭初期，可以同时给他（　　　）勺子。

A. 1 把　　　　　　　　　　　　　　B. 2 把

C. 3 把　　　　　　　　　　　　　　D. 4 把

50. 幼儿的手指甲应该（　　　）剪一次。

A. 四周　　　　　　　　　　　　　　B. 三周

C. 两周　　　　　　　　　　　　　　D. 一周

51. （　　　）是幼儿午睡前不应该出现的行为。

A. 玩玩具　　　　　　　　　　　　　B. 和小朋友一起猜谜语

C. 听恐怖的故事　　　　　　　　　　D. 和老师一起散步

52. （　　　）即对识记过的材料不能再认和再现，或者是错误地再认和再现。

A. 表象　　　　　　　　　　　　　　B. 想象

C. 遗忘　　　　　　　　　　　　　　D. 错误意识

53. 在幼儿期，儿童的美感、理智感和（　　　）等高级情感开始发展。

A. 帮助行为　　　　　　　　　　　　B. 推理能力

C. 自我认同感　　　　　　　　　　　D. 道德感

54. 观察法是在活动中观察幼儿的脸色、呼吸、（　　　）、出汗状况和动作的协调性等特征，来了解其活动量的大小。

A. 肌肉　　　　　　　　　　　　　　B. 心脏

C. 表情　　　　　　　　　　　　　　D. 骨骼

55. 幼儿关节附近韧带松，关节窝浅，过度牵拉，容易（　　　）。

A. 疲劳　　　　　　　　　　　　B. 脱臼

C. 骨折　　　　　　　　　　　　D. 半脱臼

56. 幼儿呕吐后，保教人员第一时间应该做的工作是（　　　）。

A. 清理桌面、地面

B. 清理幼儿的衣物和地面

C. 批评幼儿

D. 清理幼儿身上的秽物，并给幼儿漱口

57. （　　　）会影响幼儿生长发育，因此应从小培养幼儿良好、规律的作息习惯。

A. 精神因素　　　　　　　　　　B. 生活制度

C. 社会因素　　　　　　　　　　D. 体育锻炼

58. 乳牙被恒牙替代的时间是（　　　）。

A. 6～7 岁　　　　　　　　　　B. 6～8 岁

C. 5～15 岁　　　　　　　　　　D. 6～13 岁

59. 蒙台梭利认为儿童有发展的需要，为满足和强化这种需要，必须通过自由活动、自发游戏和（　　　）的方式与途径实现。

A. 规则游戏　　　　　　　　　　B. 自发活动

C. 智力游戏　　　　　　　　　　D. 感官游戏

60. 我国幼儿园的根本任务是促进幼儿发展与（　　　）。

A. 服务于家长　　　　　　　　　B. 服务于国家

C. 教育幼儿　　　　　　　　　　D. 教育幼儿与家长

61. 幼儿耳廓容易生冻疮的原因是（　　　）。

A. 脂肪多，血液循环快　　　　　B. 脂肪少，血液循环快

C. 脂肪多，血液循环慢　　　　　D. 脂肪少，血液循环慢

62. 看图画书时，明明将大灰狼和坏人的眼睛挖掉了，这表现出幼儿（　　　）的发展与复杂化。

A. 道德感　　　　　　　　　　　B. 理智感

C. 审美感　　　　　　　　　　　D. 胜任感

63. 自我意识是主体对自己及自己与客观世界关系的意识，自我意识在（　　　）的形成中起着关键的作用。

A. 个性　　　　　　　　　　　　B. 性格

C. 气质　　　　　　　　　　　　D. 人格

64. 幼儿自我意识萌芽最重要的标志是（　　　）。

　　A. 会叫"妈妈"　　　　　　　　　　B. 思维出现

　　C. 学会评价自己　　　　　　　　　　D. 掌握代词"我"

65. 在幼儿与同伴进行的游戏中，社会性交往水平最高的是（　　　）。

　　A. 合作游戏　　　　　　　　　　　　B. 平行游戏

　　C. 单独游戏　　　　　　　　　　　　D. 区域游戏

66. 大班幼儿进餐时，容纳食物的器皿摆放应该（　　　）。

　　A. 重叠　　　　　　　　　　　　　　B. 排队

　　C. 集中　　　　　　　　　　　　　　D. 不扎堆

67. 晨检后，若幼儿带有药物，需要（　　　）。

　　A. 记录幼儿姓名、药物和服药方法，并存放在幼儿容易拿取的地方

　　B. 存放在幼儿无法拿取的地方

　　C. 记录幼儿姓名、药物和服药方法，并存放在幼儿无法拿取的地方

　　D. 记录幼儿姓名，并存放在幼儿无法拿取的地方

68. 门把手、饮水龙头、洗手水龙头的消毒方式是（　　　）。

　　A. 煮沸法　　　　　　　　　　　　　B. 蒸汽法

　　C. 消毒剂浸泡法　　　　　　　　　　D. 消毒剂滞留擦拭法

69. 保育工作总结应包含：题目；所在班级的基本情况，与本班级有关的其他工作人员的基本情况；在某阶段自己负责的主要工作、所取得的主要成绩和尚存在的问题；（　　　），提出改进意见。

　　A. 分析原因，提出建议　　　　　　　B. 总结保育工作的经验

　　C. 组织活动的心得　　　　　　　　　D. 对儿童发展水平的分析

70. 为了预防幼儿户外跌落受伤，应检查幼儿园周围有无水沟、下水道等危险因素，采取有效防护措施，清除地上的（　　　）等障碍物。

　　A. 电线、绳索　　　　　　　　　　　B. 花草树木

　　C. 大型玩具设施　　　　　　　　　　D. 橡胶地面

71. （　　　）是饭菜保洁保温应特别注意的事情。

　　A. 容器的盖子或罩子关闭要严密　　　B. 避免打翻、碰撒

　　C. 为了迅速散热不要加盖子　　　　　D. 缩短送饭时间

72. 日托园晨检的二看：看幼儿的精神状态、面色、咽部有无异常，皮肤有无皮疹，是为了（　　　）。

　　A. 了解幼儿在家的饮食、睡眠是否正常

B. 能早发现、早隔离、早治疗

C. 避免发生意外事故

D. 了解幼儿是否有过敏情况

73. 一般来说，（   ）儿童的思维以具体形象思维为主。

A. 3～4 岁　　　　　　　　　　　　B. 1～3 岁

C. 3～7 岁　　　　　　　　　　　　D. 7～12 岁

74. 表现在个体对现实的态度和惯常的行为方式中比较稳定的心理特征是（   ）。

A. 道德感　　　　　　　　　　　　B. 理智感

C. 气质　　　　　　　　　　　　　D. 性格

75. 幼儿园中幼儿走失可能是因为（   ）不负责任，心中无数，在拥挤的情况下丢失了幼儿。

A. 保育员　　　　　　　　　　　　B. 幼儿

C. 祖父母　　　　　　　　　　　　D. 厨师

76. 幼儿使用的牙膏应该是（   ）。

A. 成人牙膏　　　　　　　　　　　B. 美白牙膏

C. 含氟儿童牙膏　　　　　　　　　D. 强烈薄荷味的牙膏

77. 保育员应该引导幼儿（   ）一对一地系扣子。

A. 自小而大　　　　　　　　　　　B. 自大而小

C. 自下而上　　　　　　　　　　　D. 自上而下

78. 叠被与穿衣、晾被的先后顺序应该为（   ）。

A. 穿衣—叠被　　　　　　　　　　B. 穿衣—翻被、晾被—叠被

C. 翻被、晾被—穿衣—叠被　　　　D. 翻被、晾被—叠被—穿衣

79. 保育员为幼儿洗澡时，应注意清洗（   ）等部位。

A. 腋下、大腿根等褶皱处　　　　　B. 背部

C. 手部　　　　　　　　　　　　　D. 头部

80. 保育员为幼儿洗澡时应注意水温要比幼儿体温（   ）。

A. 略高 1～2℃　　　　　　　　　　B. 略低 1～2℃

C. 略高 2～4℃　　　　　　　　　　D. 略低 2～4℃

二、判断题

1. 桌椅的高矮应该以年龄为标准。 （   ）

2. 3 岁以下的婴儿可取卧位或坐位于秤中。 （   ）

3. 为了预防幼儿室内跌落受伤，幼儿园建筑应符合安全标准，窗户应安装窗栏，楼梯的高度和坡度应适合儿童生长发育的特点。 （   ）

4. 只要保育员能像母亲一样热爱孩子就一定能做好保育工作。 （   ）

5. 牵拉肘是肘关节脱臼。 （   ）

6. "教育即生长、教育即生活、学校即社会"是蒙台梭利提出的教育主张。（   ）

7. 教书育人是保育员岗位职责的基本要求。 （   ）

8. 幼儿起床后，保育员应注意床上、褥子下是否有异物，被里被头是否有开线。 （   ）

9. 配制消毒剂，以药物商品剂型为百分之百的基数配制的公式：欲配制浓度 × 欲配制数量＝所需药物量；欲配制数量－所需药物量＝加水量。 （   ）

10. 物理降温时体温降至 37.5℃ 即可。 （   ）

11. 幼儿教育的最近价值体现在为幼儿入小学作好准备。 （   ）

12. 幼儿上课随便说话、玩东西、搞小动作是其缺乏独立意识和独立生活能力的表现。 （   ）

13. 父母或者其他监护人应当尊重未成年人接受教育的权利，必须使适龄未成年人按照规定接受义务教育，不得使在校接受义务教育的未成年人辍学。 （   ）

14. 幼儿水杯消好毒后，应用消过毒的夹子或洗净的手拿出，放在水杯架上归位，避免不洁的手触摸造成污染。 （   ）

15. 保育员要每天拿清水冲洗水池，无饭粒菜渣即可。 （   ）

16. 日托园晨检的内容为一摸、二看、三问、四查。 （   ）

17. 为了预防幼儿中暑，炎热夏季应尽量在树阴或屋檐下游戏，避免阳光直接照射。 （   ）

18. 收集和选择制作玩教具合适的材料，主要由教师和保育员共同完成。 （   ）

19. 发育性口吃就是口吃。 （   ）

20. 幼儿鼻出血可能是因为鼻黏膜干燥、挖鼻孔、用力擤鼻、鼻内异物和感冒发高烧等。 （   ）

二　理论模拟试卷 2

一、单项选择题

1.（   ）是保育员职业道德的基本要求。

A. 照顾好幼儿的全部生活　　　　　　　　B. 热爱并尊重学前儿童

在线做题

C. 教导幼儿做人的原则　　　　　　　　D. 丰富的知识

2. 配制漂白粉溶液时，先在漂白粉中加入少量（　　），调成糊状，然后再加水搅匀。

A. 醋　　　　　　　　　　　　　　　　B. 盐水

C. 糖水　　　　　　　　　　　　　　　D. 水

3. 下列与缺锌无关的是（　　）。

A. 厌食　　　　　　　　　　　　　　　B. 呆小症

C. 异食癖　　　　　　　　　　　　　　D. 口腔炎

4. 遗传素质是个体发展的物质基础，为个体的发展提供了（　　）。

A. 可能性　　　　　　　　　　　　　　B. 必要性

C. 差异性　　　　　　　　　　　　　　D. 共同性

5. 为了创设良好的教育活动环境，保育员应该根据计划要求和（　　）来创设环境。

A. 幼儿的实际情况　　　　　　　　　　B. 教师的实际要求

C. 活动的具体情况　　　　　　　　　　D. 幼儿的实际要求

6. 当要求幼儿记住某一事物时，他往往记住的是和这件东西一道出现的其他东西，这种现象称为（　　）。

A. 无意记忆　　　　　　　　　　　　　B. 意义记忆

C. 偶发记忆　　　　　　　　　　　　　D. 有意记忆

7. （　　）是保育员做好家长工作的重要保证。

A. 家长的职业　　　　　　　　　　　　B. 家长积极主动地参与幼儿园工作

C. 家长的文化层次　　　　　　　　　　D. 家长的教育观念

8. （　　）容易使幼儿患泌尿系统感染。

A. 从前向后擦屁股　　　　　　　　　　B. 每晚清洗外阴

C. 喝水少　　　　　　　　　　　　　　D. 洗屁股的毛巾用后消毒

9. 正确的晾被子方法是（　　）。

A. 把被子平铺在床上

B. 把被子平铺、挂在床栏上和床上

C. 被里朝上，把被子平铺在床上

D. 被面朝上，把被子平铺在床上

10. 生理性流涎开始的时间是（　　）。

A. 出生　　　　　　　　　　　　　　　B. 3～4 个月

C. 6～7 个月　　　　　　　　　　D. 2 岁

11. 保育员要养成每天听气象预报的习惯，（　　　），为照顾好幼儿的生活做好准备。

A. 做好记录　　　　　　　　　　B. 及时通报给幼儿

C. 及时了解天气的变化情况　　　D. 做好准备

12. 盥洗室清洁工作除了开窗通风和清洗外，还包括（　　　）。

A. 备好卫生纸、香皂　　　　　　B. 备好针线

C. 清洗玩具　　　　　　　　　　D. 清洗纱窗

13. 测量体重前，应先矫正杠杆秤的（　　　）。

A. 座椅　　　　　　　　　　　　B. 零点

C. 砝码　　　　　　　　　　　　D. 重量

14. （　　　）游戏是一种幼儿操作的创造性活动，也是幼儿的一种造型艺术活动。

A. 建构　　　　　　　　　　　　B. 规则

C. 表演　　　　　　　　　　　　D. 绘画

15.《幼儿园教育指导纲要（试行）》指出，幼儿园教育应尊重幼儿的人格和权利，尊重幼儿身心发展的规律和学习特点，以（　　　）为基本活动。

A. 上课　　　　　　　　　　　　B. 教学

C. 读写　　　　　　　　　　　　D. 游戏

16. 如果颌下淋巴结肿大，可能（　　　）有病变。

A. 手、足、口　　　　　　　　　B. 口腔、鼻腔、面部

C. 内脏　　　　　　　　　　　　D. 心血管

17. 儿童的依恋行为一般可以分为三种类型，即回避型、安全型和（　　　）。

A. 忽视型　　　　　　　　　　　B. 依赖型

C. 焦虑型　　　　　　　　　　　D. 反抗型

18. 幼儿喜欢游戏的原因很多，这是由幼儿身心发展的特点和（　　　）两方面决定的。

A. 幼儿的知识经验　　　　　　　B. 教师的教育特点

C. 游戏本身的特点　　　　　　　D. 幼儿的发展水平

19. 为幼儿准备卫生纸时，应先（　　　），方便幼儿使用。

A. 将卷状卫生纸放在幼儿背包

B. 将卷状卫生纸剪成 20 厘米长放在纸框

C. 抽取 2 张盒装卫生纸放在幼儿口袋

D. 抽取 5 张盒装卫生纸放在老师口袋

20. 在"超市"买卖的游戏中，因为幼儿需要制作收银机，所以就拿纸盒子来代替，这种游戏行为促进了幼儿（　　）方面的发展。

A. 想象力 　　　　　　　　　　　　B. 社会交往

C. 美感 　　　　　　　　　　　　　D. 道德

21. 罗杰斯认为：越是儿童不熟悉、不需要的内容，儿童学习的依赖性、被动性就会越大。只有当儿童觉察到学习内容与他自己有关时，才会全身心投入，意义学习才会发生。这要求我们要意识到（　　）的学习至关重要。

A. 生活中 　　　　　　　　　　　　B. 科学课

C. 游戏中 　　　　　　　　　　　　D. 语言

22. 指导大班幼儿自己盛饭菜的基本要求是（　　）。

A. 拥挤 　　　　　　　　　　　　　B. 迅速

C. 排队不拥挤 　　　　　　　　　　D. 加塞

23. 喝汤端碗的正确姿势是（　　）。

A. 双手端碗 　　　　　　　　　　　B. 一手端碗

C. 碗放桌上，头低下，嘴接近碗边 　D. 用吸管吸

24. 消毒餐桌的消毒剂滞留擦拭法属于（　　）。

A. 化学消毒 　　　　　　　　　　　B. 物理消毒

C. 热力消毒 　　　　　　　　　　　D. 真空消毒

25. 培养幼儿良好的睡眠习惯的主要内容是培养孩子（　　）、快速入睡和独立入睡等。

A. 安静入睡 　　　　　　　　　　　B. 正确的睡姿

C. 关灯入睡 　　　　　　　　　　　D. 睡前盥洗

26. 厕所、便器的消毒方法是（　　）。

A. 肥皂水冲刷 　　　　　　　　　　B. 清水冲刷

C. 消毒剂滞留擦拭 　　　　　　　　消毒剂浸泡刷洗

27. 下列关于幼儿泌尿系统的特点说法正确的是（　　）。

A. 男童比女童更易发生尿道感染

B. 幼儿年龄越小，主动控制排尿的能力越差

C. 幼儿储尿功能差，排尿次数较少

D. 幼儿输尿管长且直，易发生尿道感染

28. 保育员可以请家长（   ），以帮助幼儿学习穿脱衣服。

A. 在衣服前片绣名字等使幼儿分清前后

B. 在衣服后片绣名字等使幼儿分清前后

C. 只给孩子买开襟衣服

D. 只给孩子买套头衣服

29. 3 岁以上幼儿测量身高可采用身高测量仪，或者将（   ）固定在墙上测量身高。

A. 量床　　　　　　　　　　　　B. 皮尺或木尺

C. 塑胶绳　　　　　　　　　　　D. 画上刻度

30. 测量婴幼儿身高时，应注意两侧有标尺的量板两侧读数要（   ）。

A. 单位不同　　　　　　　　　　B. 不一致

C. 一致　　　　　　　　　　　　D. 有区别

31. 向婴幼儿介绍餐饭较好的方法是（   ）。

A. 用猜谜的形式猜菜名　　　　　B. 讲与进餐无关的故事

C. 音乐　　　　　　　　　　　　D. 游戏

32. 学前儿童缺铁性贫血发病率最高的年龄为（   ）。

A. 3 岁以下　　　　　　　　　　B. 4 岁以下

C. 5 岁以下　　　　　　　　　　D. 6 岁以下

33. 婴幼儿对排尿的控制需要（   ）。

A. 大脑皮层的成熟　　　　　　　B. 健康

C. 新陈代谢　　　　　　　　　　D. 膀胱的成熟

34. 为了防止幼儿遗尿，保育员应每隔（   ）唤醒婴幼儿排尿。

A. 30 分钟　　　　　　　　　　B. 1 小时

C. 2～3 小时　　　　　　　　　D. 4 小时

35. 保育工作总结既要全面，又要有所侧重，即应在全面总结（   ）、配班工作、个别儿童工作、贯彻保教并重工作的基础上，总结自己获取的主要经验或突出业绩。

A. 清洁卫生工作　　　　　　　　B. 安全工作

C. 日常保育工作　　　　　　　　D. 组织活动的心得

36. 上课时个别幼儿喊口渴，要喝水，保育员的正确做法是（   ）。

A. 立即让幼儿离座去喝水　　　　B. 让该幼儿坚持到下课

C. 批评后，再让其喝水　　　　　D. 停止教育活动，督促幼儿喝水

37. 食具、水杯、毛巾、餐巾的消毒剂要按照（　　）来进行配制使用。

A. 产品所附说明书　　　　　　　　　B. 0.2% 的浓度

C. 0.5% 的浓度　　　　　　　　　　D. 1% 的浓度

38. 保育员要为幼儿创设一个安全、卫生、符合发展需要和（　　）的美好环境。

A. 美感　　　　　　　　　　　　　　B. 儿童喜欢

C. 教育要求　　　　　　　　　　　　D. 自由活动需要

39. 擦拭家具应注意（　　）。

A. 由外到里地擦拭家具和物品的地面

B. 由下到上地擦拭家具和物品的地面

C. 先擦拭家具和物品下面的地面，再擦拭其他位置的地面

D. 先擦拭其他位置地面，最后擦拭家具和物品下面的地面

40. 在幼儿进餐时，保教人员不正确的做法是（　　）。

A. 纠正幼儿挑食、偏食的现象

B. 鼓励幼儿吃完自己的一份饭菜

C. 及时处理幼儿的行为问题

D. 进餐时间掌握在 20～30 分钟

41. 日常卫生清洁的正确要求是（　　）。

A. 去除表面污垢泥土，并用去污剂清洗，再用清水冲洗

B. 直接用去污剂清洗

C. 直接用清水冲

D. 直接消毒

42. 如果用 40% 的过氧乙酸配制成 5% 的水溶液 5 kg，则需要原药（　　）g，加水（　　）g。

A. 350，4 650　　　　　　　　　　B. 625，4 375

C. 625，5 625　　　　　　　　　　D. 35 000，40 000

43. 幼儿园预防蛔虫病的措施是（　　）。

A. 活动场地种草　　　　　　　　　　B. 活动场地饲养小动物

C. 活动室养小动物　　　　　　　　　D. 搞好环境卫生

44. 一般来说，（　　）开始幼儿能够正确辨认前后方位。

A. 3 岁　　　　　　　　　　　　　　B. 4 岁

C. 5 岁　　　　　　　　　　　　　　D. 6 岁

45. 保育员在配制消毒剂时，要注意自身的安全，并（   ）进行操作。

A. 严格按照季节和节令要求

B. 严格按照领导要求

C. 严格按照经验和实验要求

D. 严格按照使用说明和规定要求

46. 幼儿在自由活动时的活动量是（   ），保育员要注意观察，了解每个孩子的实际活动量，及时为孩子增减衣服。

A. 有差异的   B. 大致相同的

C. 大不相同的   D. 一样的

47. （   ），达不到锻炼孩子身体的目的。

A. 活动内容少   B. 活动时间短

C. 活动量过小   D. 活动方式简单

48. 当触电发生时，保育员应做的救护措施中不包括（   ）。

A. 用适当方法使触电者脱离电源

B. 如呼吸停止，立即实施人工呼吸

C. 洗净灼伤部位并消毒包扎

D. 检查幼儿园中易发生触电的隐患

49. 为了预防幼儿中暑，炎热夏季应尽量在（   ）游戏，避免阳光直接照射。

A. 海边、沙滩边   B. 树阴、屋檐下

C. 溪边、河流边   D. 寝室、活动室

50. 测量幼儿体重时，应注意测量工具要（   ）。

A. 性能前卫、美观   B. 性能艺术、大方

C. 性能良好、清洁   D. 性能老旧、积尘

51. 值日生餐前使用抹布清理桌面时，最重要的是（   ）。

A. 至少使用3块抹布   B. 抹布一抹到底

C. 保持抹布清洁   D. 抹布湿润

52. 幼儿水杯消好毒后，拿出放在（   ）。

A. 消毒柜里   B. 盥洗室里

C. 水杯架上   D. 幼儿桌上

53. 香皂或洗手液要放置在（   ）水龙头下。

A. 第一个和最后一个   B. 每一个

C. 第一个   D. 中间

54. 要想生长发育迅速，幼儿应多多（　　　）。

　　A. 剧烈运动　　　　　　　　　　　　B. 游泳

　　C. 晒太阳　　　　　　　　　　　　　D. 室内游戏

55.（　　　）是指事先没有预定目的，也不需要意志努力的注意。

　　A. 长时注意　　　　　　　　　　　　B. 有意注意

　　C. 无意注意　　　　　　　　　　　　D. 瞬时注意

56. 指导学前儿童的自由游戏时，应做到尊重儿童游戏的自主性，认真观察儿童的游戏，了解儿童游戏的真实情况，（　　　）。

　　A. 为孩子顺利开展游戏提供支持　　　B. 精心设计和选择游戏

　　C. 激发游戏的情绪　　　　　　　　　D. 保证游戏的时间

57. 幼儿测量身高时，应先站立于测量仪底板或靠墙站立，（　　　），脚跟、臀部和肩胛间三点靠在身高仪立柱上。

　　A. 脚跟靠拢，足尖并拢　　　　　　　B. 脚跟靠拢，足尖分开

　　C. 脚跟分开，足尖分开　　　　　　　D. 脚跟分开，足尖并拢

58. 冬季外出活动，应让幼儿（　　　）以防感冒。

　　A. 多穿衣服　　　　　　　　　　　　B. 少穿衣服

　　C. 穿一件马甲　　　　　　　　　　　D. 多穿一件马甲

59. 下列属于角色游戏的是（　　　）。

　　A. 过家家　　　　　　　　　　　　　B. 玩沙水

　　C. 跳绳　　　　　　　　　　　　　　D. 跳房子

60.（　　　）是幼儿园里幼儿教育活动的一个重要内容，是促进幼儿生长发育、增强体质、提高身心健康水平的重要手段。

　　A. 体育锻炼活动　　　　　　　　　　B. 游戏活动

　　C. 体育课　　　　　　　　　　　　　D. 游泳

61. 教师指导幼儿进餐的正确做法是（　　　）。

　　A. 指导小班幼儿餐前擦桌子，分发碗筷

　　B. 为幼儿创设舒适愉快的进餐环境

　　C. 允许幼儿就餐时左顾右盼

　　D. 餐后带幼儿跑跑步，有利于食物消化

62. 幼儿园安排幼儿从事的各种活动都有其特定的教育目标，保育员在平时的工作中应明确活动目标在幼儿发展中的作用，掌握主要的活动内容和（　　　）。

　　A. 物质准备　　　　　　　　　　　　B. 精神准备

C. 指导要点　　　　　　　　　　　　D. 方法

63. （　　）的进餐环境有助于婴幼儿食欲的产生。

A. 有陌生人参观　　　　　　　　　　B. 边看动画片边吃饭

C. 有幼儿不喜欢的人在场　　　　　　D. 安静、熟悉

64. 在（　　），保育员要注意观察体弱儿和肥胖儿的情况，随时根据他们的活动情况为其增减衣服。

A. 做好场地准备的同时　　　　　　　B. 幼儿户外活动前

C. 幼儿户外活动中　　　　　　　　　D. 幼儿户外活动后

65. 幼儿肝脏的解毒能力差，所以幼儿应该（　　）。

A. 喝酒

B. 可以吃成人的药

C. 多吃盐

D. 少吃盐、不喝酒，依体重计算服药量

66. 对初步使用筷子而动作不规范的幼儿，保育员应该（　　）。

A. 坚决制止　　　　　　　　　　　　B. 以鼓励为主

C. 及时纠正　　　　　　　　　　　　D. 以批评为主

67. 幼儿园的（　　）对幼儿的心理发展产生潜移默化的影响。

A. 物质环境　　　　　　　　　　　　B. 地理位置

C. 精神环境　　　　　　　　　　　　D. 场地设备

68. 母乳营养价值高的原因之一是（　　）。

A. 含饱和脂肪酸　　　　　　　　　　B. 钙磷比例合适

C. 钙磷比例不合适　　　　　　　　　D. 不含乳糖

69. 一般来说，（　　）开始，幼儿逐步能够理解和辨认左右方位的相对性。

A. 3 岁　　　　　　　　　　　　　　B. 4 岁

C. 5 岁　　　　　　　　　　　　　　D. 6 岁

70. （　　）的发展是幼儿道德发展的核心问题。

A. 同情心　　　　　　　　　　　　　B. 想象力

C. 帮助行为　　　　　　　　　　　　D. 亲社会行为

71. 专门的学校教育机构是在（　　）产生的。

A. 原始社会　　　　　　　　　　　　B. 古代社会

C. 现代社会　　　　　　　　　　　　D. 近代社会

72. 为了预防幼儿气管呛入异物，应让幼儿养成（   ），防止气管呛入异物事故的发生。

    A. 如厕的习惯   B. 边吃边说的习惯

    C. 洗手的习惯   D. 良好的就餐习惯

73. 为了预防幼儿脚冻伤，应注意经常帮幼儿（   ），促进血液循环。

    A. 修剪脚趾甲   B. 按摩脚

    C. 涂抹婴儿油   D. 洗澡

74. 活动量也称运动量，是指幼儿在活动中身体所承受的（   ）。

    A. 运动负担量   B. 生理极限

    C. 生理负担量   D. 运动指数

75. 盥洗室应（   ）开窗通风。

    A. 全天   B. 每天 10~15 分钟

    C. 每隔 2 小时 10~15 分钟   D. 每半日 10~15 分钟

76. 配制漂白粉要注意不要受潮，因为漂白粉受潮后会（   ），以致失效。

    A. 溶解   B. 挥发

    C. 结块   D. 稀释

77. 3 岁以下的婴幼儿测量身高需要（   ）人完成。

    A. 1   B. 2

    C. 3   D. 4

78. 身高仪测量身高采用（   ）测量。

    A. 立位   B. 坐位

    C. 卧位   D. 俯位

79. 食具、水杯、毛巾、餐巾的消毒方法有热力消毒法和化学消毒法，其中化学消毒用的是（   ）。

    A. 消毒剂刷洗   B. 消毒剂滞留擦拭

    C. 消毒剂喷洒   D. 消毒剂浸泡

80. 固体消毒品的配置方式是：将所需药量（   ）后，放入有刻度的容器里，加水至所需配置数量即可。

    A. 计算称好   B. 目测

    C. 自然测量   D. 估测

二、判断题

1. 幼儿 5 岁前因为眼球小，会出现生理性远视。（　　）

2. 幼儿处于身体、智力、品德、行为等各方面发展的关键时期。（　　）

3. 幼儿园教师的品德在最大程度上对幼儿品德的培养起着至关重要的作用。

（　　）

4. 职业道德是指人们在履行职业职责的过程中，在思想和行为上所必须遵循的道德规范。（　　）

5. 幼儿的大脑在增长和增重的过程中，幼儿的记忆思维和分析功能也在不断发展。

（　　）

6. 爱岗敬业是指对该职业有正确认识基础上的热爱，是做好工作的基础。（　　）

7. 热力消毒法包括：煮沸法、蒸汽法等。（　　）

8. 厕所、便器的消毒方法是紫外线照射法。（　　）

9. 盥洗室要做到水池下水处无头发、污物，地面无积水、无污渍，室内无垃圾。

（　　）

10. 幼儿水杯消好毒后，直接用手拿出，倒扣放在水杯架上归位。（　　）

11. 晨检后，首先协助小班幼儿、指导中大班幼儿叠放外衣。（　　）

12. 为了预防幼儿走失，应做到教会幼儿说自己的姓名、幼儿园的名称、父母的姓名和联络电话。（　　）

13. 准备卫生纸时，先将卷状卫生纸剪成 5 厘米长，放入纸框中备用。（　　）

14. 幼儿长新牙前乳牙龋坏应该拔除。（　　）

15. 餐桌的消毒方式是热力消毒法。（　　）

16. 食具、水杯、毛巾、餐巾煮沸消毒需要 15～30 分钟。如果使用蒸汽和消毒剂浸泡消毒需要 10～15 分钟。（　　）

17. 每日小扫除的工作顺序是：桌椅—床栏杆—擦地—玩具—柜—玩具角设施—窗台—窗棱—门框—桌椅。（　　）

18. 幼儿园每天在幼儿入园前做好清洁卫生工作，上音乐课和体育课前使用湿拖把拖地，避免尘埃飞扬。（　　）

19. 为了预防婴幼儿中暑，炎热夏季应尽量在树阴或屋檐下游戏，避免阳光直接照射。（　　）

20. 红黄色、深绿色的蔬菜和水果中含有丰富的胡萝卜素。（　　）

三 理论模拟试卷 3

一、单项选择题

1. 职业的特征包括两个方面：一是（ ），即必需性；二是指责特定，即专门性。

A. 谋生手段　　　　　　　　　　B. 社会需要

C. 劳动手段　　　　　　　　　　D. 发展条件

2. 良好的睡眠环境不包括以下哪项？（ ）

A. 安静　　　　　　　　　　　　B. 明亮

C. 光线较弱　　　　　　　　　　D. 温度适宜

3. 午间检查时，保育员老师发现小北额头发烫，经过测量，小北体温达 39℃。保教人员最好采用（ ）降温措施。

A. 盖被捂汗　　　　　　　　　　B. 吃退热药

C. 打退热针　　　　　　　　　　D. 冷敷法

4. 进入幼儿园后，生活有规律了，幼儿的身高体重增加明显，动作发展也加快，这主要说明（ ）对幼儿生长发育的影响。

A. 精神因素　　　　　　　　　　B. 生活制度

C. 体育锻炼　　　　　　　　　　D. 社会因素

5. 下列情况中，不会导致幼儿肥胖的是（ ）。

A. 物质代谢疾患　　　　　　　　B. 药物因素

C. 精神因素　　　　　　　　　　D. 过量运动

6. 春秋季婴儿日光浴的适宜时间是（ ）。

A. 5:00—6:00　　　　　　　　　B. 7:00—8:00

C. 10:00—11:00　　　　　　　　D. 11:00—12:00

7. 食物供给中，既要考虑其量的多少，又要考虑其是否优质的营养成分为（ ）。

A. 碳水化合物　　　　　　　　　B. 脂肪

C. 蛋白质　　　　　　　　　　　D. 无机盐

8. 概括性和（ ）是记忆表象的主要特征。

A. 想象性　　　　　　　　　　　B. 真实性

C. 形象性　　　　　　　　　　　D. 具体性

9. 幼儿进餐的正确坐姿是（ ）。

A. 蹲坐在椅子上　　　　　　　　B. 托腮

C. 脚平放在地面上　　　　　　　　　D. 身体后仰靠在椅子背上

10. 食具、水杯、毛巾、餐巾的消毒方法是（　　　）。

A. 煮沸法　　　　　　　　　　　　　B. 蒸汽法

C. 消毒剂浸泡法　　　　　　　　　　D. 以上皆是

11. 冬季应让幼儿（　　　）以保暖。

A. 穿很紧的鞋袜　　　　　　　　　　B. 穿很松的鞋袜

C. 穿适度宽松的鞋袜　　　　　　　　D. 穿适度较紧的鞋袜

12. 适合消毒餐桌的方式是（　　　）。

A. 热力消毒　　　　　　　　　　　　B. 化学浸泡消毒

C. 紫外线照射　　　　　　　　　　　D. 消毒剂滞留擦拭

13. 一汤勺的容量约为（　　　）ml。

A. 5　　　　　　　　　　　　　　　　B. 10

C. 15　　　　　　　　　　　　　　　D. 20

14. 水池清洁的标准要达到（　　　）。

A. 水池中无油污、水渍、无头发、饭粒菜渣、池子光滑、清洁

B. 水池中无牙膏、牙刷、毛巾

C. 水池中无玩具、牙膏、牙刷、水杯

D. 水池中无毛巾、衣裤

15. 幼儿每次排便的时长应该为（　　　）。

A. 1～5分钟　　　　　　　　　　　　B. 5～10分钟

C. 15分钟　　　　　　　　　　　　　D. 20分钟

16. （　　　）不是婴幼儿患中耳炎的原因。

A. 外耳道进水　　　　　　　　　　　B. 耳咽管短、粗、平直

C. 鼻腔呛水　　　　　　　　　　　　D. 感冒

17. 保育员给幼儿洗脸时，应注意提醒他们（　　　）。

A. 闭上眼睛　　　　　　　　　　　　B. 睁开眼睛

C. 张开嘴巴　　　　　　　　　　　　D. 闭上嘴巴

18. 幼儿的脚趾甲应该（　　　）剪一次。

A. 四周　　　　　　　　　　　　　　B. 三周

C. 两周　　　　　　　　　　　　　　D. 一周

19. 幼儿鼻出血的部位大多位于（　　　），该处鼻黏膜很薄、血管密集成网，为"易出血区"。

A. 接近鼻孔的鼻中隔　　　　　　　　　B. 接近鼻根部的鼻窦

C. 接近鼻甲的鼻窦　　　　　　　　　　D. 接近口腔的硬腭

20. 门把手、饮水龙头、洗手水龙头的消毒次数是（　　　）。

A. 每 3 天 1 次　　　　　　　　　　　B. 每 2 天 1 次

C. 每天 1 次　　　　　　　　　　　　　D. 每周 1 次

21. 随着气候开窗通风，尽量保持室温在（　　　）℃为宜。

A. 26～28　　　　　　　　　　　　　B. 20～22

C. 16～18　　　　　　　　　　　　　D. 10～12

22. 儿童利用如积木、积塑、泥、沙等材料进行的游戏属于（　　　）。

A. 创造游戏　　　　　　　　　　　　　B. 积木游戏

C. 建构游戏　　　　　　　　　　　　　D. 活动游戏

23. 保育员唤醒尿床幼儿更换尿湿的衣服时，应做到（　　　）。

A. 让幼儿换干衣后马上躺下　　　　　　B. 让幼儿换干衣后起床

C. 让幼儿当众更换干衣　　　　　　　　D. 让幼儿避开其他幼儿换干衣

24. 幼儿 5 岁后（　　　）为遗尿症。

A. 未形成排尿习惯　　　　　　　　　　B. 已形成排尿习惯

C. 无意识排尿　　　　　　　　　　　　D. 有意识排尿

25. 婴儿测量身高时，应记录量床上刻度数，以（　　　）。

A. cm 为单位，精确到小数点后二位数

B. cm 为单位，精确到小数点后一位数

C. m 为单位，精确到小数点后二位数

D. m 为单位，精确到小数点后一位数

26. 关于卢梭教育思想的描述，不正确的是（　　　）。

A. 学前教育对于儿童一生的发展至关重要

B. 学前教育要考虑儿童的特点

C. 要对儿童进行全面发展教育

D. "教、学、做"合一的教育方法

27. 保育员平时要做好（　　　）和记录，为写好保育工作总结积累材料。

A. 总结保育经验　　　　　　　　　　　B. 保育工作计划

C. 组织活动的心得　　　　　　　　　　D. 对工作的改进意见

28. 下列选项中，不属于幼儿具体形象思维的特点的是（　　　）。

A. 具体性　　　　　　　　　　　　　　B. 拟人性

C. 抽象性　　　　　　　　　　　　D. 经验性

29. 口服补液盐服用的时间间隔是（　　）分钟。

A. 2　　　　　　　　　　　　　　　B. 5

C. 10　　　　　　　　　　　　　　D. 15

30. 幼儿动作发展的一般规律是（　　）。

A. 由双臂动作到头部动作　　　　　B. 从腿部动作到躯干动作

C. 从手指动作到躯干动作　　　　　D. 从粗大动作到精细动作

31. 成人（　　）的行为有助于消除发育性口吃。

A. 纠正幼儿口吃　　　　　　　　　B. 训斥幼儿

C. 引导幼儿　　　　　　　　　　　D. 模仿幼儿

32. 维生素 B_1 缺乏易患（　　）。

A. 脚气病　　　　　　　　　　　　B. 坏血病

C. 佝偻病　　　　　　　　　　　　D. 夜盲症

33. 日托园的一摸、二看、三问、四查用在（　　）环节。

A. 集体游戏　　　　　　　　　　　B. 活动区

C. 晨检　　　　　　　　　　　　　D. 吃饭就寝

34. 晨检后，提醒幼儿用（　　）漱口。

A. 漱口水　　　　　　　　　　　　B. 牙膏水

C. 柠檬水　　　　　　　　　　　　D. 盐水

35. 幼儿睡醒后迟迟不起的最常见原因是（　　）。

A. 遗尿　　　　　　　　　　　　　B. 发热

C. 怕冷　　　　　　　　　　　　　D. 玩物

36. 幼儿挑食的生理原因是（　　）。

A. 体内缺锌、钙等微量元素　　　　B. 幼儿园环境不好

C. 幼儿运动量太小　　　　　　　　D. 幼儿园饭菜不好吃

37. 亲子关系通常可分为四种类型，包括放任型、专制型、忽视型和（　　）。

A. 依赖型　　　　　　　　　　　　B. 焦虑型

C. 矛盾型　　　　　　　　　　　　D. 民主型

38. 幼儿乳牙数目通常有（　　）个。

A. 16　　　　　　　　　　　　　　B. 20

C. 28　　　　　　　　　　　　　　D. 32

39. 耳药滴好后应保持原姿势（　　　）。

　　A. 1～3分钟　　　　　　　　　　　　　B. 3～5分钟

　　C. 5～10分钟　　　　　　　　　　　　D. 10分钟以上

40. 指导幼儿拧水龙头时，应注意（　　　）。

　　A. 水流要大　　　　　　　　　　　　　B. 水流不能太大

　　C. 不关水龙头　　　　　　　　　　　　D. 水流要小

41. 成人应该帮助或提醒（　　　）的幼儿及时洗手。

　　A. 幼儿园末期　　　　　　　　　　　　B. 未入幼儿园

　　C. 初入幼儿园　　　　　　　　　　　　D. 幼儿园中期

42. 清洁盥洗室地面时，要先扫净地面，用（　　　）擦地2～3遍，直至地面无积水、无污渍、无死角、透亮为止。

　　A. 水浸透的拖把或墩布　　　　　　　　B. 干的拖把或墩布

　　C. 卫生纸　　　　　　　　　　　　　　D. 半干的拖把或墩布

43. 配制消毒剂，以所含实际有效成分为基数配制的计算公式：加水量＝（　　　）。

　　A. 欲配制数量＋所需药物量　　　　　　B. 欲配制数量－所需药物量

　　C. 欲配制数量 × 所需药物量　　　　　D. 欲配制数量／所需药物量

44. 发现幼儿遗尿的情况，保育员应与（　　　）联系。

　　A. 家长　　　　　　　　　　　　　　　B. 教养员

　　C. 园长　　　　　　　　　　　　　　　D. 保健医生

45. 按参加游戏的人数，可以把游戏分为个人游戏、小组游戏和（　　　）。

　　A. 有规则的游戏　　　　　　　　　　　B. 集体游戏

　　C. 教学游戏　　　　　　　　　　　　　D. 活动性游戏

46. 幼儿起床后，被子应完全打开通风，（　　　）再叠被子。

　　A. 幼儿先穿好衣服　　　　　　　　　　B. 幼儿先吃点心

　　C. 幼儿先洗手穿鞋子　　　　　　　　　D. 幼儿先喝水

47. 幼儿用毛巾洗脸期间，保育员应指导幼儿清洗毛巾（　　　）次。

　　A. 0　　　　　　　　　　　　　　　　B. 1～2

　　C. 3～4　　　　　　　　　　　　　　D. 5

48. 玩具和材料应该具有可变性和可创造性的特点，即一种玩具材料学前儿童可以（　　　），充分发挥孩子的创造性。

　　A. 尽情地玩　　　　　　　　　　　　　B. 用多种方式玩

　　C. 几个人共同玩　　　　　　　　　　　D. 多次玩

49. 在幼儿园中，参考天气情况和活动量给幼儿增减衣服主要是（   ）的责任。

A. 保育员
B. 教师
C. 家长
D. 园长

50. 渐进推测法依据的是幼儿摄取液体食物（   ）后排尿的规律。

A. 60 分钟
B. 20～40 分钟
C. 15 分钟
D. 10 分钟

51. 保育员应该（   ）以保证幼儿的良好的睡眠。

A. 不在睡眠室内走动
B. 可以在睡眠室内任意活动
C. 在睡眠室内轻轻巡视幼儿的状况
D. 可以离开睡眠室

52. 为了锻炼幼儿手部的力量，保育员应组织幼儿参加（   ）的活动。

A. 俯卧撑
B. 编织
C. 掰手腕
D. 用筷子夹豆子

53. 社会上发生的一些幼儿园暴力事件发人深省，这要求政府要把保教人员职业守则中的（   ），作为最重要的工作考评目标。

A. 爱护幼儿
B. 教育幼儿
C. 取得工作成果
D. 保育工作

54. 浓度为 0.2% ～ 0.5% 的 84 消毒液可以用来消毒（   ）。

A. 餐桌
B. 厕所、便器
C. 门拉手、饮水龙头
D. 餐具、毛巾、瓜果蔬菜

55. 我国幼儿园教育与小学教育的差异主要表现在学习方式、主导活动与教育任务不同，（   ）、师生关系不同、环境设备不同以及社会和成人对儿童的要求与希望不同。

A. 学习内容不同
B. 作息制度与管理方式不同
C. 教师与家长的关系不同
D. 教学手段不同

56. （   ）为不正确的添饭方式。

A. 排队自取饭菜
B. 用公共餐勺取饭菜
C. 挑挑拣拣
D. 不挑挑拣拣

57. 幼儿排尿的规则是（   ）。

A. 有尿就排，不憋尿
B. 进餐中不排尿
C. 集体活动中不排尿
D. 过渡环节可排尿

58. 按活动内容分，可以把幼儿的一日生活分为生活活动、学习活动和（   ）等。

A. 游戏活动
B. 教学活动

C. 自由活动 D. 生产活动

59. 下列说法错误的是（ ）。

A. 幼儿应该用好听的声音说话，不要大喊大叫

B. 音乐活动前，幼儿唱歌的场所应进行湿性扫除

C. 幼儿感冒应多喝水、少说话

D. 幼儿可以唱美声歌曲

60. 异物入眼，正确的处理方法是（ ）。

A. 用手揉眼

B. 翻开眼睑，用湿棉花或干净的手帕取出异物

C. 翻开眼睑，用手拿取

D. 闭上眼睛

61. 尿液产生后流经（ ），在膀胱暂时储存。

A. 肾脏 B. 输尿管

C. 膀胱 D. 尿道

62. 对有规则的游戏进行指导时，要求保育员做到（ ），并激发幼儿游戏的情绪。

A. 了解幼儿的特点和需要 B. 与幼儿教师互相配合

C. 精心设计和选择游戏 D. 做好幼儿家长工作

63. 下列营养物质中，对人体作用很大，但是又不能被人体消化吸收的是（ ）。

A. 淀粉 B. 乳糖

C. 果糖 D. 纤维素

64. 以下植物，可以在幼儿园里种植的是（ ）。

A. 玫瑰 B. 蒲公英

C. 茶花 D. 仙人掌

65. 下列哪种营养素是神经系统唯一的能量来源？（ ）

A. 糖类 B. 蛋白质

C. 无机盐 D. 脂肪

66. 为了预防幼儿走失，应做到了解幼儿的想法，寻找原因，对幼儿进行（ ）教育。

A. 惩罚 B. 正面

C. 军事 D. 斯巴达式

67. 幼儿（ ）后仍不自主排尿为遗尿症。

A. 2 岁 B. 3 岁

C. 4 岁 D. 5 岁

68. 幼儿偶尔出现遗尿，主要与其睡前（　　　）情况有关。

A. 大小便 B. 活动量

C. 与人交往 D. 盥洗

69. 保育员引导幼儿吃饭时，手正确的姿势应该是（　　　）。

A. 不扶碗 B. 双手扶碗

C. 一手扶碗 D. 用筷子触碗

70. 为了预防幼儿室内跌落受伤，幼儿园建筑应符合安全标准，窗户应安装窗栏，楼梯的高度和坡度应适合儿童（　　　）的特点。

A. 手眼协调 B. 唱歌跳舞

C. 生长发育 D. 最近发展区

71. 冬季给饭菜保温的方法是（　　　）。

A. 注意清洁和保温 B. 给饭菜加网罩

C. 缩短送饭时间 D. 放到幼儿不易够到的地方

72. 多元智能的理论是由美国心理学家（　　　）提出的。

A. 杜威 B. 加德纳

C. 蒙台梭利 D. 福禄贝尔

73. 如果用 40% 的过氧乙酸配制成 5% 水溶液 5 kg，则需要加水（　　　）g。

A. 625 B. 4 375

C. 35 000 D. 40 000

74. 测量幼儿体重时，保育员和保健医生的手应保持（　　　）。

A. 潮湿 B. 干燥

C. 冰冷 D. 温暖

75. 在建构游戏中，材料的操作性和可变性使得幼儿（　　　）方面的发展尤为突出。

A. 创造力 B. 社会性

C. 美感 D. 道德

76. 使用 84 消毒液消毒后的桌子、椅子、柜子，必须（　　　）。

A. 再让消毒液滞留在上面一周时间，才有功效

B. 用半干湿抹布再擦拭一遍，以免幼儿中毒

C. 用稀释酒精冲洗一遍，以免没有消毒效果

D. 再用清水冲刷干净，不要有残留，以免幼儿中毒

77. 学习是指由于经验的积累而发生的一种行为上的变化，表现为知识上的丰富、能力上的增长、技能上的娴熟和（　　　）等方面的进步。

A. 智力的增长　　　　　　　　　　B. 适应环境

C. 社会性　　　　　　　　　　　　D. 情绪

78. 活动量过大，超过幼儿的（　　　），会损害幼儿的身体健康。

A. 身体特点　　　　　　　　　　　B. 能力

C. 需要　　　　　　　　　　　　　D. 身体负荷

79. 幼儿入园时所需要的健康检查有效期是（　　　）。

A. 一个月　　　　　　　　　　　　B. 三个月

C. 六个月　　　　　　　　　　　　D. 一年

80. 培养学前儿童正确的坐立行姿势，有利于其（　　　）的形成。

A. 关节　　　　　　　　　　　　　B. 足弓

C. 脊柱生理弯曲　　　　　　　　　D. 骨盆

二、判断题

1. 身高是指能站立时颅顶到脚跟（与地面相接触）的垂直高度。　　　（　　　）

2. 幼儿长时间憋尿，不仅会难以及时清除废物，还容易发生尿道感染。　（　　　）

3. 每天要使用消毒药水清洗纱门、纱窗。　　　　　　　　　　　　　（　　　）

4. 保育员职业道德的基本要求是像妈妈一样关爱幼儿。　　　　　　　（　　　）

5. 维生素 C 缺乏时易患坏血病。　　　　　　　　　　　　　　　　（　　　）

6. 幼儿园应制定合理的幼儿一日生活作息制度。两餐间隔时间不得少于三个半小时。　　　　　　　　　　　　　　　　　　　　　　　　　　　（　　　）

7. 幼儿体重的测量最好在早晨、饭后、便后进行。　　　　　　　　　（　　　）

8. 保育员到园后应立即开窗通风。　　　　　　　　　　　　　　　　（　　　）

9. 先擦拭家具和物品下面的地面，再擦拭其他位置的地面。　　　　　（　　　）

10. 幼儿要自由发展，不必刻意要求坐立行的姿势。　　　　　　　　（　　　）

11. 幼儿对噪声十分敏感，教师应教给幼儿在听到过大的声音时捂耳或张口。　　　　　　　　　　　　　　　　　　　　　　　　　　　　　　（　　　）

12. 淋巴结的状况可以作为诊断疾病的参考。　　　　　　　　　　　（　　　）

13. 对幼儿进行晨检时，保育员的手应凉爽，动作有力。　　　　　　（　　　）

14. 保育员在施教的过程中加强与家长的交流与沟通是尊重家长、热情服务的基本要求之一。　　　　　　　　　　　　　　　　　　　　　　　（　　　）

15. 一般来说，春季体重增长最快，秋季身高增长最快。　　　（　　）

16. 甲状腺素分泌过多会引起"呆小症"，它与"侏儒症"不同。　（　　）

17. 做好幼小衔接工作的关键是幼儿园要主动了解小学教育的要求与内容，在日常的教育中自觉做好配合工作。　　　　　　　　　　（　　）

18. 为了预防幼儿室外跌落受伤，幼儿应在教师的指导下进行体育运动，并佩带适当的防护用品。　　　　　　　　　　　　　　（　　）

19. 噪声只会造成学前儿童的听力损伤。　　　　　　　　（　　）

20.《学生伤害事故处理办法》第38条规定幼儿园发生的伤害事故，应当根据幼儿为完全无行为能力人的特点，参照本办法处理。　　　　（　　）

（四）实操模拟试卷 1

在线做题

一、简答题

1. 简述对值日生分发餐具的指导要点。

2. 如何预防和纠正幼儿睡眠中的遗尿问题?

3. 简述指导个别幼儿参与活动时的注意事项。

二、视频案例分析

1. 观看案例视频三遍，指出保育员在幼儿进餐环节出现的工作失误，并说明正确做法。

案例视频1

2. 观看案例视频三遍，指出保育员在幼儿离园环节中出现的工作失误，并说明正确做法。

案例视频2

三、看材料分析题

1. **案例**：明明午觉睡不着，他拿出在户外捡到的小豆子玩了起来，老师也没有发觉。过了一会儿，明明坐起来，哭着对老师说："豆子钻进鼻子里抠不出来。"保育员一边安慰明明，一边用手捏压他的鼻翼，还不时地让明明擤擤鼻子，但小豆子没有出来。保育老师将明明送去医院，取出了豆子。

分析案例中保育员的行为正误，并说明鼻腔异物的处理方法。

2. **案例**：9月新生入园，到了午睡时间很多幼儿因为不适应一直哭闹，不能入睡。月月哭闹得最厉害，一直吵着要抱着自己带来的小熊玩具。保育员马老师觉得月月抱着玩具会影响她睡觉，就把玩具拿走，自己陪着月月，轻轻拍着月月哄她入睡。

指出案例中保育员做法的正误，并简述如何培养新入园幼儿独立入睡的习惯。

五 实操模拟试卷 2

在线做题

一、简答题

1. 简述配置漂白粉的注意事项。

2. 简要阐述如何指导幼儿使用勺子。

3. 保育员参与幼儿部分游戏和教学活动的注意事项有哪些？

二、视频案例分析

1. 观看案例视频三遍，指出保育员在体育活动环节中的两处工作失误，并说明正确做法。

案例视频1

2. 观看案例视频三遍，指出保育员在音乐活动环节中的两处工作失误，并说明正确做法。

案例视频2

三、看材料分析题

1. **案例**：某幼儿4岁，在幼儿园里经常尿裤尿床，针对该幼儿保育员小李采取了以下做法：①经常提醒他上厕所；②在幼儿园里让他少喝水；③用惩罚的手段帮他克服尿裤、尿床。

问题：

（1）保育员做法是否正确？请说明原因。

（2）保育员应该如何培养幼儿及时排尿的习惯？

2. **案例**：保育员小陈老师听到班上朵朵、明明要喝水，就让他们去喝水。可是调皮的明明把水洒得满地都是，小陈非常生气，决定以后不允许小朋友们在课堂上喝水。孩子们很想喝水，但又怕老师生气，于是孩子们在活动中显得心不在焉，活动效果不理想。

指出案例中保育员行为的正误，并说明喝水的卫生要求。

六　实操模拟试卷 3

在线做题

一、简答题

1. 清洁活动室卫生的质量标准是什么?

2. 保育员在幼儿游戏时的工作有哪些?

3. 幼儿鼻出血应如何处理?

二、视频案例分析

1. 观看案例视频三遍,指出保育员在起床环节出现的工作失误,并说明正确做法。

案例视频 1

2. 观看案例视频三遍,指出保育员在午点组织中出现的工作失误,并说明正确做法。

案例视频 2

三、看材料分析题

1. **案例:**4 岁的小明得了感冒,有发热的情况,保育员先用冷湿毛巾给他冷敷降温,但体温没有降下,反而达到了 39.5℃,于是准备给小明吃医生开的退热药。可小明拒绝吃药,保育员只好把药泡在饮料中给小明强行灌下。

问题:

(1)请试着说明冷湿毛巾冷敷的方法。

(2)请分析保育员的做法是否恰当。

(3)请根据你所学的知识,谈谈如何正确给学前儿童喂药。

2. **案例:**吃饭的时候,周涛不小心打翻了饭桌上的紫菜汤,紫菜汤倒在周涛的小手上,烫得他哇哇大哭。保育员老师闻讯,赶忙抱起周涛,来到水池边,打开水龙头,不断地冲洗周涛小手,大约冲了 20 分钟,好在并无大碍,只是烫红了小手。

分析案例中保育员的做法是否正确,以及该如何处理幼儿的烫伤意外。

图书在版编目(CIP)数据

幼儿一日保育活动指导手册/孙爱华,郑梨萍主编.—上海:复旦大学出版社,2022.8
ISBN 978-7-309-16212-7

Ⅰ.①幼… Ⅱ.①孙…②郑… Ⅲ.①幼儿园-工作-职业教育-教材 Ⅳ.①G617-62

中国版本图书馆 CIP 数据核字(2022)第 095178 号

幼儿一日保育活动指导手册
孙爱华 郑梨萍 主编
责任编辑/夏梦雪

复旦大学出版社有限公司出版发行
上海市国权路 579 号 邮编:200433
网址:fupnet@ fudanpress.com http://www.fudanpress.com
门市零售:86-21-65102580 团体订购:86-21-65104505
出版部电话:86-21-65642845
上海四维数字图文有限公司

开本 787×1092 1/16 印张 7 字数 133 千
2022 年 8 月第 1 版
2022 年 8 月第 1 版第 1 次印刷

ISBN 978-7-309-16212-7/G·2368
定价:42.00 元